MEINE FEINE

Chocolaterie

MEINE FEINE

Chocolaterie

REZEPTE, DIE GLÜCKLICH MACHEN

Fotos von Oliver Brachat
Rezepte von Andreas Neubauer

Hölker Verlag

INHALT

VORWORT

Eine Legende der Azteken besagt, dass der Kakao den Menschen als göttliche Gabe von Quetzalcoatl geschenkt wurde. Durch den Genuss von Schokolade sollten sie von Müdigkeit befreit werden und eine angenehme Ruhe erfahren. Man glaubte an die besondere Kraft der Kakaobohne, die geistige und übersinnliche Fähigkeiten erwecken sollte. Sogar für medizinische Rezepturen wurde sie als Basis verwendet und sollte so nicht nur der Seele schmeicheln, sondern auch den Körper stärken. Schokolade war von Beginn an mehr als bloße Nahrung – sie war ein magisches Getränk mit berauschender Wirkung, ein Aphrodisiakum und so wertvoll, dass die Kakaobohne sogar teilweise als Zahlungsmittel diente.

In Lateinamerika zunächst nur dem Adel, Kriegern und Priestern vorbehalten, kam der Kakao um 1500 nach Spanien und eroberte von dort unter Zusatz von Zucker langsam, aber sicher ganz Europa. Im Zuge der industriellen Revolution wenige Jahrhunderte später wurde die bis dahin handwerklich aufwendige Herstellung von Schokolade neu begründet, die technischen Voraussetzungen erlaubten erstmals eine Massenproduktion. Die Preise sanken und plötzlich war Schokolade rund um die Uhr und für jeden verfügbar.

Damit wandelt sich auch der Status: Schokolade wird zum Alltagsgenussmittel und schon bald als selbstverständlich erachtet. Allzu hektisch wird sie heutzutage hinuntergeschlungen und geht in Form von Weihnachtsmännern in rauen Mengen über die Ladentheken. Gleichzeitig gibt es viele kleine Manufakturen, die nur aus erlesenen Zutaten und mit viel Liebe handgeschöpfte Kreationen herstellen. So unzählig die verschiedenen Sorten sind, so extrem sind auch die Qualitäts- und Geschmacksunterschiede, zwischen denen wir wählen können.

Lassen Sie sich dazu einladen, mit Sorgfalt auszusuchen und Schokolade wieder mit der flüsternden Sehnsucht nach dem Göttlichen zu kosten, wie es einst die Azteken taten. Versüßen Sie Ihr Leben mit Cookies, Cupcakes und Konfekt, laden Sie Freunde und Familie zu Kuchen, Tartes und Torten ein oder servieren Sie himmlisch cremige Desserts wie Soufflés, Sorbets und Eiscreme. Gönnen Sie sich ein Stück, denn Schokolade zu genießen heißt das Leben zu genießen.

SCHOKOLADEN-BASICS

Je besser die Schokolade, desto besser der Kuchen – aber welche Schokolade ist die beste?
Ausschlaggebend für das Aroma ist die Mischung der Kakaosorten. Dabei sind Bohnen aus Ecuador, Venezuela, Jamaika oder Java die beliebtesten unter Schokoladenspezialisten. Besonders die der Sorte Criollo, die nur 10 % des weltweit produzierten Kakaos ausmachen, gelten als edel: So heißt auch die Schokolade aus Criollo-Bohnen „Edelschokolade".

Der Kakao, der für die meisten herkömmlichen Schokoladen verwendet wird, heißt Forastero. In den letzten Jahren hat sich eine dritte Kakaosorte entwickelt, die Trinitario. Sie ist eine Mischung aus Criollo und Forastero und liefert ca. 20 % des weltweit produzierten Kakaos.

Spitzenkonditoren schwören auf die Marke Valrhona, die hat allerdings ihren Preis. Aber leckeres Gebäck entsteht sowohl durch viel Zeit und Liebe als auch durch die Qualität der Zutaten. Also sparen Sie nicht daran!

Prinzipiell sollten Sie nur beste, natürliche Zutaten verwenden, d.h. neben möglichst hochwertiger Schokolade:

– ungesalzene, vollfette Butter
– Eier aus ökologischer Landwirtschaft
– Nüsse aus biologischem Anbau
– hochwertiges Mehl
– frisch abgeriebene Zitronen- und Orangenschale von unbehandelten Früchten
– feines Fleur de Sel
– echte Bourbon-Vanille

Eine allgemeine Orientierung bei der Wahl der Schokolade bietet der Kakaoanteil, der möglichst hoch sein sollte. Achten Sie bei weißer Schokolade darauf, dass bei den Inhaltsstoffen nicht Zucker, sondern Kakaobutter an erster Stelle steht. Außerdem ist es aus ethischen Aspekten ratsam, bei Schokolade auf das Fairtrade-Siegel zu achten.

Schokolade, Kuvertüre oder Kakao?
Es ist nicht immer ganz einfach, die verschiedenen Kakaoprodukte auseinanderzuhalten. Das zeigt sich schon an den vielen Schokoladensorten, die es überall auf der Welt gibt. Sie unterscheiden sich in der Zusammensetzung ihrer Inhaltsstoffe, die für die wichtigsten Schokoladenvarianten in der Tabelle auf der gegenüberliegenden Seite zusammengestellt sind.

Weiße Schokolade ist also genau genommen keine Schokolade, da sie keine Kakaomasse enthält. Oft werden noch Aromen wie z. B. Vanille hinzugefügt.

Kuvertüre ist eine speziell für die Patisserie hergestellte Schokolade. Mit ihrem erhöhten Kakaobutteranteil wird sie beim Schmelzen dünnflüssiger als Tafelschokolade und lässt sich so beim Überziehen von Pralinen und Gebäck besser verarbeiten. Wer gerade keine Kuvertüre im Haus hat, kann stattdessen normale Schokolade verwenden und fügt beim Schmelzen pro Tafel ca. 1 EL Butter oder Kokosfett hinzu. Ihre Qualität hängt, wie bei jeder Schokolade, einerseits vom Anteil hochwertiger Kakaobohnen und anderseits vom Gehalt der Kakaomasse im Verhältnis zum Zucker ab: Je höher er ist, desto herber ist der Geschmack der Schokolade.

Angaben: mindestens	Weiße Schokolade	Milch-schokolade	Vollmilch-schokolade	Zartbitter-schokolade	Bitter-schokolade
Kakaomasse (in %)		15	30	55	60
Kakaobutter (in %)	20	15	10	5	
Milchpulver (in %)	14	20	25		
Zucker (in %)	55	50	35	45	40

Kakaopulver ist entölter Kakao. Bei der Herstellung wird die Kakaomasse auf bis zu 90 °C erhitzt und zusammengedrückt. Dadurch wird die Kakaobutter herausgepresst, die dann zur Schokoladenherstellung verwendet wird, und der Fettgehalt des übrig bleibenden Kakaos auf 20–22 % reduziert.

Schokolade temperieren
Entscheidend für den seidigen Glanz einer Schokoladenglasur ist die richtige Temperatur der Kuvertüre vor und während der Weiterverarbeitung. Zunächst wird die Schokolade oder Kuvertüre über dem Wasserbad vollständig geschmolzen, dann abgekühlt und erneut leicht erwärmt.

1. Die Schokolade grob hacken und ca. ²/₃ in eine Metallschüssel geben. Über einem heißen Wasserbad unter gelegentlichem Rühren langsam schmelzen. Dabei darf kein Wasser in die Schüssel gelangen. Außerdem sollte die Temperatur nicht zu hoch sein, sonst verbrennt die Schokolade und wird klumpig und bitter. Vollmilch- und weiße Schokolade sowie Kuvertüre bei 40–45 °C, Zartbitterschokolade bei 45–50 °C schmelzen.

2. Die restliche gehackte Schokolade unter Rühren zugeben, dabei reduziert sich die Temperatur automatisch auf 26–28 °C.

3. Die Schokolade erneut langsam erwärmen, bis sie eine Temperatur von 30–33 °C erreicht. Jetzt ist die Schokolade perfekt temperiert und kann sofort weiterverarbeitet werden.

Damit die Kuvertüre gleichmäßig erstarrt, ist auch die Temperatur der Plätzchen, Kuchen, Torten und allem, was damit überzogen werden soll, entscheidend. Diese sollte zwischen 20 und 27 °C liegen.

Süße Kleinigkeiten

COOKIES, CUPCAKES & KONFEKT

Petits Fours

AUS SCHOKOLADE UND KIRSCHEN

1. Den Ofen auf 180 °C vorheizen. Eine tiefe Backform (ca. 15 x 15 cm) mit Backpapier auslegen. Eier mit Zucker ca. 5 Minuten mit dem Handrührgerät schaumig schlagen. Mehl mit Stärke und Kakao mischen, nach und nach über den Eischaum sieben und unterheben. Biskuitteig in die Form füllen und im Ofen 20–25 Minuten backen. Biskuit anschließend auf ein Kuchengitter stürzen und abkühlen lassen.

2. Kirschmarmelade in einen Topf geben und einmal aufkochen. Den erkalteten Biskuit zweimal horizontal durchschneiden. Jede Scheibe gleichmäßig mit etwas Kirschgeist beträufeln, mit Marmelade bestreichen und die Biskuits wieder aufeinandersetzen. Restliche Marmelade beiseitestellen.

3. Für den Überzug Sahne mit Puderzucker aufkochen, Butter und Schokolade stückchenweise zufügen und darin schmelzen. Den Überzug etwas abkühlen lassen.

4. Schokoladenbiskuit in ca. 16 gleich große Würfel schneiden, diese auf ein Gitter setzen. Den dickflüssig gewordenen Schokoladenüberzug gleichmäßig über die Würfel gießen. Restliche Marmelade nochmals erhitzen, Sauerkirschen darin wenden und je eine auf die Biskuitwürfel setzen. Petits Fours ca. 45 Minuten kalt stellen.

🕐 Zubereitung: ca. 45 Min.
🍴 Backen: 20–25 Min.
❄ Kühlen: ca. 45 Min.

FÜR CA. 16 PETITS FOURS

Für den Teig:
3 Eier
50 g Zucker
60 g Mehl
20 g Speisestärke
20 g Kakao

Für den Überzug:
75 ml Sahne
50 g Puderzucker
20 g Butter
100 g Zartbitterschokolade

AUSSERDEM:
150 g Sauerkirschmarmelade
2–3 EL Kirschgeist
16 eingelegte Sauerkirschen
(alternativ Sauerkirschen aus dem Glas)

SCHOKO-AMERIKANER

1. Butter mit dem Handrührgerät in ca. 5 Minuten schaumig schlagen, dabei nach und nach Zucker, Vanillemark und Salz zufügen. Die Eier einzeln unterrühren. Mehl mit Stärke, Kakao und Backpulver vermengen und in eine Schüssel sieben. Die Mischung abwechselnd mit der Buttermilch unter die Buttercreme heben.

2. Den Ofen auf 180 °C vorheizen. Den Teig in einen Spritzbeutel füllen und mit etwas Abstand in kleinen Häufchen auf ein mit Backpapier belegtes Backblech spritzen. Ca. 15 Minuten im Ofen backen. Die Amerikaner anschließend auf einem Kuchengitter abkühlen lassen.

3. Die Zartbitterkuvertüre klein hacken und zusammen mit Palmin in einer Schüssel über einem heißen Wasserbad schmelzen. Weiße Kuvertüre ebenfalls klein hacken und in einer anderen Schüssel über dem Wasserbad schmelzen.

4. Die abgekühlten Amerikaner mit der flachen Seite in die flüssige Zartbitterkuvertüre tauchen und diese etwas anziehen lassen. Dann die weiße Kuvertüre mit einem kleinen Löffel spiralförmig darauf verteilen und fest werden lassen.

🕐 Zubereitung: ca. 40 Min.
📅 Backen: ca. 15 Min.

FÜR CA. 12 STÜCK

125 g weiche Butter
100 g Zucker
Mark von 1 Vanilleschote
1 Prise Salz
2 zimmerwarme Eier
225 g Mehl
1 EL Speisestärke
2 EL Kakaopulver
2 TL Backpulver
75 ml Buttermilch
150 g Zartbitterkuvertüre
10 g Palmin
50 g weiße Kuvertüre

Dunkle Bruch-Schokolade

MIT KARAMELLISIERTEN MANDELN

🕐 Zubereitung: ca. 25 Min.
🔲 Backen: ca. 10 Min.
❄️ Kühlen: ca. 1 Std.

FÜR CA. 800 G BRUCH-SCHOKOLADE

100 g Zucker
250 g ganze geschälte Mandeln
400 g Zartbitterkuvertüre
100 g Vollmilchkuvertüre
75 g Palmin

AUSSERDEM:
Pflanzenöl für das Blech

1. Ofen auf 180 °C vorheizen. Zucker mit 75 ml Wasser in einen Topf geben und ca. 4 Minuten kochen. Dann den Sirup etwas abkühlen lassen und mit den Mandeln mischen. Alles auf einem Backblech mit Backpapier verteilen und in 8–10 Minuten im Ofen goldbraun karamellisieren. Die Mandeln dabei gelegentlich mit einem Löffel wenden.

2. Ein tiefes Blech dünn mit Öl auspinseln, dann mit einem Bogen Backpapier so auskleiden, dass möglichst keine Falten im Papier sind. Die karamellisierten Mandeln gleichmäßig darauf verteilen.

3. Die beiden Kuvertüresorten und Palmin klein hacken und zusammen in einer Schüssel über einem heißen Wasserbad schmelzen.

4. Die geschmolzene Kuvertüre gleichmäßig über die Mandeln auf das Blech gießen und mit einer Palette ca. 1 cm dick verstreichen.

5. Das Blech in den Kühlschrank stellen und die Kuvertüre in ca. 1 Stunde vollständig fest werden lassen. Dann stürzen, das Backpapier entfernen und die Schokolade in Stücke brechen.

Helle Bruch-Schokolade

MIT PISTAZIEN

1. Ofen auf 180 °C vorheizen. Zucker mit 75 ml Wasser in einen Topf geben und ca. 4 Minuten kochen. Dann den Sirup etwas abkühlen lassen und mit den Mandeln mischen. Alles auf einem Backblech mit Backpapier verteilen und in 8–10 Minuten im Ofen goldbraun karamellisieren. Die Mandeln dabei gelegentlich mit einem Löffel wenden.

2. Inzwischen Kuvertüre und Palmin klein hacken und zusammen in einer Schüssel über einem heißen Wasserbad schmelzen.

3. Ein tiefes Blech dünn mit Öl auspinseln, dann mit einem Bogen Backpapier so auskleiden, dass möglichst keine Falten im Papier sind. Die karamellisierten Mandeln und die Pistazien gleichmäßig darauf verteilen.

4. Die geschmolzene Kuvertüre gleichmäßig über die Mandeln und Pistazien auf das Blech gießen und mit einer Palette ca. 1 cm dick verstreichen.

5. Das Blech in den Kühlschrank stellen und die Kuvertüre in ca. 1 Stunde vollständig fest werden lassen. Dann stürzen, das Backpapier entfernen und die Schokolade in Stücke brechen.

🕐 Zubereitung: ca. 25 Min.
🔲 Backen: ca. 10 Min.
❄ Kühlen: ca. 1 Std.

FÜR CA. 800 G BRUCH-SCHOKOLADE

50 g Zucker
125 g ganze geschälte Mandeln
500 g weiße Kuvertüre
50 g Palmin
120 g geschälte Pistazien

AUSSERDEM:
Pflanzenöl für das Blech

Tiramisu-Cupcakes

🕐 Zubereitung: ca. 45 Min.

▥ Backen: ca. 30 Min.

❄ Kühlen: ca. 1 Std.

FÜR 12 STÜCK

Für den Teig:
75 g weiße Kuvertüre
2–3 EL Amaretto
50 ml kalter Espresso
125 g weiche Butter
75 g Zucker
2 zimmerwarme Eier
125 g Mehl
1 TL Backpulver

Für das Frosting:
2 Blatt Gelatine
2 Eier
1 Prise Salz
80 g Zucker
1 Pck. Vanillezucker
250 g zimmerwarmer Mascarpone
Kakaopulver zum Bestäuben

1. Den Ofen auf 180 °C vorheizen, die Mulden einer Muffinform mit Papierförmchen auslegen. Kuvertüre fein raspeln, Amaretto mit Espresso mischen. Butter und Zucker mit einem Handrührgerät in ca. 5 Minuten schaumig schlagen. Eier nach und nach unterrühren. Mehl mit Backpulver mischen, darübersieben und unterrühren. Dann die fein geraspelte Kuvertüre zusammen mit der Espressomischung unterheben. Papierförmchen zu ⅔ mit Teig füllen und die Muffins ca. 30 Minuten im Ofen backen. Danach auskühlen lassen.

2. Gelatine 5 Minuten in kaltem Wasser einweichen. Eier trennen. Eiweiße mit dem Salz zu steifem Schnee schlagen. Dabei nach und nach die Hälfte des Zuckers einrieseln lassen. Eigelbe zusammen mit Vanille- und restlichem Zucker in einer Schüssel über einem heißen Wasserbad schaumig schlagen. Gelatine ausdrücken und im warmen Eigelbschaum auflösen. Schüssel vom Wasserbad nehmen, Mascarpone zufügen und alles glatt verrühren. Eischnee unterheben und die Creme in einen Spritzbeutel mit mittlerer Lochtülle füllen.

3. Mascarponecreme tupfenartig auf die Muffins spritzen und die Cupcakes für 1 Stunde in den Kühlschrank stellen. Vor dem Servieren mit Kakaopulver bestäuben.

Kokos-Macarons

MIT WEISSER SCHOKOFÜLLUNG

🕐 Zubereitung: ca. 45 Min.

🔥 Trocknen: ca. 30 Min.

🔲 Backen: ca. 16 Min.

FÜR CA. 30 MACARONS

125 g feine Kokosraspel

210 g Puderzucker

3 Eiweiß (100 g)

30 g Zucker

200 g weiße Kuvertüre

75 ml Kokosmilch

3 EL Kokoslikör (z. B. Batida de Côco)

1. Den Ofen auf 150 °C Unterhitze vorheizen. Kokosraspel mit Puderzucker in einem Mixer fein mahlen, dann durch ein feines Sieb schütten. Eiweiße mit Zucker steif schlagen. Kokosmischung nach und nach in 5–6 Schritten behutsam unter den Eischnee heben. Die Masse in einen Spritzbeutel mit kleiner Lochtülle umfüllen und in kleinen Tupfen (Ø ca. 3 cm) auf ein mit Backpapier belegtes Backblech spritzen.

2. Die Teigtupfen ca. 30 Minuten antrocknen lassen, dann in die unterste Einschubleiste des vorgeheizten Ofens schieben und ca. 16 Minuten backen. Dabei die Ofentür mithilfe eines Kochlöffels einen kleinen Spalt geöffnet lassen. Die Macarons anschließend herausnehmen und auf dem Blech auskühlen lassen.

3. Kuvertüre klein hacken. Kokosmilch mit Likör aufkochen und die gehackte Kuvertüre nach und nach unterrühren. Die Creme abkühlen lassen, dann glatt rühren und in einen Spritzbeutel mit kleiner Lochtülle umfüllen. Die Creme auf der Hälfte der Macarons verteilen, die restlichen Macarons daraufsetzen.

Haselnuss-Macarons
MIT NOUGATFÜLLUNG

1. Den Ofen auf 150 °C Unterhitze vorheizen. Haselnüsse mit Puderzucker in einem Mixer fein mahlen, dann durch ein feines Sieb schütten. Eiweiße mit Zucker steif schlagen. Haselnussmischung nach und nach in 5–6 Schritten behutsam unter den Eischnee heben. Masse in einen Spritzbeutel mit kleiner Lochtülle umfüllen und in kleinen Tupfen (Ø ca. 3 cm) auf ein mit Backpapier belegtes Backblech spritzen.

2. Die Teigtupfen ca. 30 Minuten antrocknen lassen, dann in die unterste Einschubleiste des vorgeheizten Ofens schieben und ca. 16 Minuten backen. Dabei die Ofentür mithilfe eines Kochlöffels einen kleinen Spalt geöffnet lassen. Die Macarons anschließend herausnehmen und auf dem Blech auskühlen lassen.

3. Nuss-Nougat mit Amaretto und Butter glatt rühren, die Masse in einen Spritzbeutel mit kleiner Lochtülle umfüllen und auf der Hälfte der Macarons verteilen. Dann die restlichen Macarons daraufsetzen.

🕐 Zubereitung: ca. 45 Min.
🔥 Trocknen: ca. 30 Min.
🖥 Backen: ca. 16 Min.

FÜR CA. 30 MACARONS

125 g gemahlene Haselnüsse

210 g Puderzucker

3 Eiweiß (100 g)

30 g Zucker

200 g weicher Nuss-Nougat

1–2 EL Amaretto

75 g weiche Butter

Schokoladen-Macarons

MIT GEWÜRZFÜLLUNG

🕐 Zubereitung: ca. 45 Min.

♨ Trocknen: ca. 30 Min.

▧ Backen: ca. 16 Min.

FÜR CA. 30 MACARONS

125 g gemahlene geschälte
Mandeln

210 g Puderzucker

1 EL Kakaopulver

3 Eiweiß (100 g)

80 g Zucker

150 g Zartbitterschokolade

100 ml Sahne

50 g Butter

1 TL Lebkuchengewürz

1. Den Ofen auf 150 °C Unterhitze vorheizen. Mandeln mit Puderzucker und Kakao in einem Mixer fein mahlen, dann durch ein feines Sieb schütten. Eiweiße mit 30 g Zucker steif schlagen. Mandelmischung nach und nach in 5–6 Schritten behutsam unter den Eischnee heben. Masse in einen Spritzbeutel mit kleiner Lochtülle umfüllen und in kleinen Tupfen (∅ ca. 3 cm) auf ein mit Backpapier belegtes Backblech spritzen.

2. Die Teigtupfen ca. 30 Minuten antrocknen lassen, dann in die unterste Einschubleiste des vorgeheizten Ofens schieben und ca. 16 Minuten backen. Dabei die Ofentür mithilfe eines Kochlöffels einen kleinen Spalt geöffnet lassen. Die Macarons anschließend herausnehmen und auf dem Blech auskühlen lassen.

3. Schokolade klein hacken. Sahne mit Butter und Lebkuchengewürz aufkochen. Den Topf vom Herd ziehen, gehackte Schokolade zufügen und darin schmelzen, dann etwas abkühlen lassen. 75 ml Wasser mit dem restlichen Zucker aufkochen und unter die Schokoladenmischung rühren. Die Masse abkühlen lassen, dann mit einem Handrührgerät cremig aufschlagen. Schokoladenmischung in einen Spritzbeutel mit kleiner Lochtülle umfüllen und auf der Hälfte der Macarons verteilen. Die restlichen Macarons daraufsetzen.

Erdnuss-Macarons

MIT SCHOKO-KARAMELL-FÜLLUNG

1. Die Sahne erhitzen, die Schokolade klein hacken. 150 g Zucker in einem Topf hellbraun karamellisieren. Den Topf vom Herd ziehen und die heiße Sahne unter Rühren zugießen. So lange weiterrühren, bis sich das Karamell aufgelöst hat. Karamellsahne in eine Schüssel umfüllen, gehackte Schokolade unterrühren und darin schmelzen. Die Mischung zugedeckt im Kühlschrank, am besten über Nacht, auskühlen lassen.

2. Den Ofen auf 150 °C Unterhitze vorheizen. Erdnüsse mit Puderzucker in einem Mixer fein mahlen, dann durch ein feines Sieb schütten. Eiweiße mit dem restlichen Zucker steif schlagen. Die Erdnussmischung nach und nach in 5–6 Schritten behutsam unter den Eischnee heben. Masse in einen Spritzbeutel mit kleiner Lochtülle umfüllen und in kleinen Tupfen (Ø ca. 3 cm) auf ein mit Backpapier belegtes Backblech spritzen.

3. Die Teigtupfen ca. 30 Minuten antrocknen lassen, dann in die unterste Einschubleiste des vorgeheizten Ofens schieben und ca. 16 Minuten backen. Dabei die Ofentür mithilfe eines Kochlöffels einen kleinen Spalt geöffnet lassen. Die Macarons anschließend herausnehmen und auf dem Blech auskühlen lassen.

4. Die Karamellmischung mit einem Handrührgerät cremig-steif aufschlagen und in einen Spritzbeutel mit kleiner Lochtülle umfüllen. Die Creme auf der Hälfte der Macarons verteilen. Restliche Macarons daraufsetzen.

🕐 Zubereitung: ca. 45 Min.
♨ Trocknen: ca. 30 Min.
🔲 Backen: ca. 16 Min.

FÜR CA. 30 MACARONS

150 ml Sahne
100 g Zartbitterschokolade
180 g Zucker
125 g geröstete gesalzene Erdnüsse
210 g Puderzucker
3 Eiweiß (100 g)

Zweierlei Cookies

MIT MANDELN UND PEKANNÜSSEN

1. Den Ofen auf 180 °C vorheizen. Mandeln grob hacken, Zucker mit 2–3 EL heißem Wasser verrühren und mit den gehackten Mandeln vermischen. Alles auf einem Backblech mit Backpapier verteilen und die Nüsse in 8–10 Minuten im Ofen goldbraun karamellisieren. Dabei gelegentlich mit einem Löffel wenden.

2. Kuvertüre klein hacken. Butter mit Zucker cremig schlagen, dann das Ei unterrühren. Mehl mit Backpulver mischen und unter die Buttermasse rühren. Danach die karamellisierten Mandeln sowie die gehackte weiße Kuvertüre unter den Teig heben.

3. Aus dem Teig ca. 3 cm große Kugeln formen, diese mit ca. 5 cm Abstand auf mit Backpapier belegte Bleche setzen und etwas flach drücken. Cookies im heißen Ofen in 15–20 Minuten goldbraun backen. Anschließend auf einem Kuchengitter erkalten lassen.

🕐 Zubereitung: ca. 45 Min.

🗔 Backen: 15–20 Min.

FÜR JE CA. 20 COOKIES

Für die Mandel-Cookies:
75 g geschälte ganze Mandeln
2 EL Zucker
100 g weiße Kuvertüre
125 g weiche Butter
50 g brauner Zucker
1 Ei
175 g Mehl
1 TL Backpulver

---

1. Den Ofen auf 180 °C vorheizen. Pekannüsse grob hacken. Wie oben beschrieben mit Zucker mischen und in 8–10 Minuten goldbraun karamellisieren.

2. Kuvertüre klein hacken. Butter mit Zucker cremig schlagen, dann das Ei unterrühren. Mehl mit Kakao und Backpulver mischen und unter die Buttermasse rühren. Danach die karamellisierten Pekannüsse sowie die gehackte Kuvertüre unter den Teig heben.

3. Die Cookies wie oben beschrieben formen, auf die Bleche setzen und in 15–20 Minuten goldbraun backen. Anschließend auf einem Kuchengitter erkalten lassen.

Für die Pekannuss-Cookies:
75 g geschälte ganze Pekannüsse (alternativ Walnüsse)
2 EL Zucker
100 g Zartbitterkuvertüre
125 g weiche Butter
50 g brauner Zucker
1 Ei
150 g Mehl
2 TL Kakaopulver
1 TL Backpulver

Himbeer-Ganache-Törtchen

🕐 Zubereitung: ca. 45 Min.
❄️ Kühlen: ca. 1 Std.
🍳 Backen: 15–20 Min.

FÜR CA. 16 TÖRTCHEN

100 g Zucker
250 g Mehl
120 g kalte Butter
1 Eigelb
1 Prise Salz
100 g Zartbitterschokolade
150 g Vollmilchschokolade
100 ml Sahne
2 TL Honig
2–3 EL Himbeergeist
Ca. 16 Himbeeren

AUSSERDEM:
Butter für die Form
Mehl für die Arbeitsfläche

1. Zucker, Mehl, gewürfelte Butter, Eigelb und Salz zu einem glatten Teig verkneten und diesen in Frischhaltefolie gewickelt 1 Stunde im Kühlschrank ruhen lassen.

2. Den Ofen auf 180 °C vorheizen. Die Vertiefungen eines Mini-Muffin-Backblechs ausbuttern. Den Teig auf der mit Mehl bestäubten Arbeitsfläche 2–3 mm dünn ausrollen und daraus Kreise (Ø 6–8 cm) ausstechen. Diese vorsichtig in die Vertiefungen legen, einen hohen Rand formen und andrücken. Die Mürbeteigböden in 15–20 Minuten im Ofen goldbraun backen. Anschließend abkühlen lassen und aus den Vertiefungen des Backblechs heben.

3. Für die Ganache beide Schokoladensorten klein hacken. Sahne mit Honig aufkochen, Topf vom Herd ziehen, die Schokolade nach und nach zugeben und in der heißen Sahne schmelzen. Dann den Himbeergeist unterrühren. Die Masse zu dickcremiger Konsistenz abkühlen lassen und anschließend in einen Spritzbeutel mit kleiner Lochtülle umfüllen.

4. Etwas Schokoladencreme in die gebackenen Teigböden spritzen. Darauf je eine Himbeere setzen. Restliche Creme kreisförmig daraufspritzen und fest werden lassen.

Schoko-Ingwer-Pralinen

🕐 Zubereitung: ca. 30 Min.

❄ Kühlen: ca. 2 Std.

FÜR CA. 50 STÜCK

30 g Ingwer

50 g Zucker

200 g Vollmilchschokolade

150 g Zartbitterschokolade

50 g Palmin

125 ml Kokosmilch

Ca. 75 g kandierter Ingwer

1. Ingwer schälen, fein reiben und in einem Topf mit Zucker und 150 ml Wasser langsam zu siruppartiger Konsistenz auf ca. 50 ml einkochen.

2. Beide Schokoladensorten klein hacken und mit Palmin in einer Schüssel über einem heißen Wasserbad schmelzen. Die Kokosmilch mit Ingwersirup aufkochen und unter die geschmolzene Schokoladenmischung rühren.

3. Die Mischung etwas erkalten lassen, dann in einen Spritzbeutel mit kleiner Lochtülle füllen und in kleine Stanniolförmchen (alternativ Pralinenförmchen aus Papier) spritzen.

4. Den kandierten Ingwer möglichst klein würfeln und auf die Schoko-Ingwer-Pralinen streuen. Die Pralinen anschließend vollständig abkühlen lassen.

SÜßE GRISSINI

🕐 Zubereitung: ca. 45 Min.
💧 Ruhen: ca. 30 Min.
🔲 Backen: 6–8 Min.

FÜR CA. 50 STÜCK

15 g Frischhefe
100 ml lauwarme Milch
½ TL Zimt
Mark von 1 Vanilleschote
1 Prise Salz
2 EL Zucker
2 EL Walnussöl
250 g Mehl
100 g Zartbitterschokolade
100 g Nuss-Nougat
Je ca. 100 g geröstete Kokosraspel,
gehackte Haselnüsse und
Mandelblättchen zum Bestreuen

AUSSERDEM:
Mehl für die Arbeitsfläche

1. Die Hefe in eine Schüssel mit lauwarmer Milch bröseln und unter Rühren darin auflösen. Zimt, Vanillemark, Salz, Zucker, Öl und Mehl zufügen und alles zu einem glatten, geschmeidigen Teig verkneten. Diesen zugedeckt ca. 30 Minuten an einem warmen Ort zu doppelter Größe aufgehen lassen.

2. Den Ofen auf 220 °C vorheizen. Den Teig auf der mit Mehl bestäubten Arbeitsfläche ca. 1 cm dick ausrollen. Dann mit einem Teigrad in ca. 5 mm breite und 20 cm lange Streifen schneiden und diese nebeneinander auf mit Backpapier belegte Bleche legen. Grissini im heißen Ofen in 6–8 Minuten knusprig backen. Anschließend auskühlen lassen.

3. Schokolade und Nougat hacken und zusammen in einer Schüssel über einem heißen Wasserbad schmelzen. Grissini zu ⅔ dünn mit der flüssigen Schoko-Nougat-Mischung einpinseln und mit Kokosraspel, gehackten Haselnüssen und gerösteten Mandelblättchen bestreuen.

Mokka-Nuss-Biskuits

1. Für die Füllung Sahne mit Mokkapulver aufkochen. Beide Schokoladensorten klein hacken, in die heiße Mokkasahne geben und darin schmelzen. Creme erkalten lassen.

2. Inzwischen die weiche Butter mit Vanillemark und Zucker cremig schlagen, das Eigelb unterrühren. Mehl mit Haselnüssen, Kakao und Backpulver mischen und unter die Buttercreme rühren.

3. Den Ofen auf 160 °C vorheizen. Aus dem Teig mit den Händen 40–50 traubengroße Kugeln rollen, diese mit einer Seite in die gehackten Haselnüsse drücken und nebeneinander auf mit Backpapier belegte Backbleche setzen. Biskuits im Ofen 10–12 Minuten backen. Anschließend auskühlen lassen.

4. Mokka-Schokoladen-Sahne mit dem Handrührgerät cremig aufschlagen, in einen Spritzbeutel mit kleiner Sterntülle füllen und auf der Hälfte der Biskuits verteilen. Restliche Biskuits daraufsetzen.

🕐 Zubereitung: ca. 45 Min.
🔲 Backen: ca. 12 Min.

FÜR 20-25 BISKUITS

100 ml Sahne
2–3 TL lösliches Mokkapulver
(alternativ lösliches
Espressopulver)
100 g Vollmilchschokolade
100 g Zartbitterschokolade
75 g weiche Butter
Mark von 1 Vanilleschote
100 g Zucker
1 Eigelb
75 g Mehl
50 g gemahlene Haselnüsse
1 EL Kakaopulver
½ TL Backpulver
Ca. 100 g gehackte Haselnüsse

Orangen-Konfekt

MIT MARZIPAN UND ROSMARIN

🕐 Zubereitung: ca. 40 Min.
❄ Tiefkühlen: ca. 2 Std.

FÜR 20-25 STÜCK

3 saftige Bio-Orangen
50 g Puderzucker
400 g Marzipanrohmasse
2 EL Orangenlikör (z. B. Grand Marnier)
100 g Zucker
150 g weiße Kuvertüre
25 g Palmin
3 Rosmarinzweige

1. Die Schale einer Orange dünn herunterschälen und in feine Streifen schneiden. Zesten beiseitestellen. Die Schale einer zweiten Orange fein abreiben und in einen Topf geben. Alle Orangen halbieren, auspressen und den Saft zum Abrieb in den Topf gießen. Die Mischung mit dem Puderzucker sirupartig auf ca. 50 ml einkochen lassen.

2. Marzipan würfeln und mit dem abgekühlten Orangensirup und -likör verkneten. Die Masse zwischen zwei Frischhaltefolien ca. 1,5 cm dick ausrollen und für 2 Stunden ins Gefrierfach legen.

3. Inzwischen die Orangenzesten mit Zucker und 150 ml Wasser in einem kleinen Topf 6–8 Minuten leise köcheln, dann abkühlen lassen.

4. Für den Überzug die Kuvertüre hacken. Palmin in einem kleinen Topf schmelzen. Zwei Rosmarinzweige fein hacken und ca. 10 Minuten im Palmin ziehen lassen. Dann die Kuvertüre zugeben und darin schmelzen. Die Mischung durch ein feines Sieb gießen und etwas abkühlen lassen.

5. Marzipan aus dem Gefrierfach nehmen, von der Folie befreien und in 2 cm große Würfel schneiden. Diese in die flüssige Rosmarin-Kuvertüre tauchen, etwas abtropfen lassen und auf ein Gitter setzen.

6. Restliche Rosmarinnadeln abstreifen und sehr fein hacken. Orangenzesten aus dem Sirup nehmen und mit dem Rosmarin gleichmäßig auf dem Konfekt verteilen. Kühl aufbewahren.

Erdnuss-Curry-Blätter

1. Butter in einem kleinen Topf schmelzen. Dann mit Puderzucker, Mehl, Kakao und Eiweißen zu einem glatten Teig verrühren. Die Erdnüsse klein hacken.

2. Den Ofen auf 180 °C vorheizen. Je einen Teelöffel vom Teig mit dem Löffelrücken zu einem gleichmäßig dünnen Kreis (Ø 6–8 cm) auf mit Backpapier belegte Bleche streichen. Jeden Teigkreis mit gehackten Erdnüssen und je 1 Prise Curry bestreuen und im heißen Ofen in ca. 6 Minuten knusprig backen.

3. Die Kekse aus dem Ofen nehmen, erkalten lassen und vorsichtig mit einer Palette vom Papier lösen. Am besten in einer luftdicht verschlossenen Dose aufbewahren.

Tipp: Noch gleichmäßiger und dünner werden die Blätter, wenn man eine kleine Palette und eine runde Kunststoffschablone verwendet.

🕐 Zubereitung: ca. 45 Min.
🍽 Backen: ca. 6 Min.

FÜR CA. 40 STÜCK

50 g Butter
100 g Puderzucker
100 g Mehl
2 EL Kakaopulver
2 Eiweiß
150 g gesalzene Erdnüsse
Ca. 2 EL Madras-Currypulver

SCHOKO-ÉCLAIRS

MIT HASELNÜSSEN

🕐 Zubereitung: ca. 1 Std.

🗓 Backen: 20–25 Min.

❄ Kühlen: ca. 1½ Std.

FÜR 12-14 ÉCLAIRS

Für den Brandteig:

120 g Butter

1 TL Salz

175 g Mehl

2 EL Zucker

5 Eier

Für die Glasur:

150 g Zartbitterschokolade, klein gehackt

50 g Butter

125 g Karamellsirup

Ca. 75 g Haselnusskrokant

Für die Füllung:

250 ml Sahne

3 TL lösliches Espressopulver

300 g Vollmilchschokolade, klein gehackt

100 g Zartbitterschokolade, klein gehackt

AUSSERDEM:

Fett und Mehl für das Blech

1. Für den Teig 250 ml Wasser, Butter und Salz in einen flachen Topf geben und unter Rühren aufkochen. Mehl und Zucker in einem Schritt unter ständigem Rühren in die kochende Flüssigkeit geben. Den Teig so lange rühren, bis er sich als Kloß vom Topfboden löst. In eine Schüssel umfüllen, die Eier nach und nach unterrühren, bis eine glatte Masse entstanden ist. Den Teig in einen Spritzbeutel mit großer Sterntülle füllen und abkühlen lassen.

2. Ofen auf 200 °C vorheizen. Auf ein gefettetes und mit Mehl bestäubtes Backblech etwa 12 8–10 cm lange Teigzungen spritzen. Éclairs in 20–25 Minuten im Ofen goldbraun backen, anschließend auf einem Kuchengitter abkühlen lassen.

3. Währenddessen für die Glasur die Schokolade mit Butter und Karamellsirup in einem kleinen Topf unter ständigem Rühren schmelzen. Éclairs mit einer Seite in die Glasur tauchen, dann etwas abtropfen lassen. Éclairs umdrehen, mit Krokant bestreuen und die Glasur fest werden lassen. Dann der Länge nach halbieren.

4. Für die Füllung Sahne mit Espressopulver aufkochen. Beide Schokoladensorten in der heißen Sahnemischung unter Rühren schmelzen. Die Füllung im Kühlschrank erkalten lassen, danach mit einem Handrührgerät cremig aufschlagen. In einen Spritzbeutel mit großer Sterntülle umfüllen und auf die unteren Hälften der Éclairs spritzen. Die oberen Hälften mit der Schokoladenglasur daraufsetzen.

Kokos-Trüffel

🕐 Zubereitung: ca. 1 Std.

❄ Kühlen: 2–3 Std.

FÜR 20-25 TRÜFFEL

150 g Milchreis

500 ml ungesüßte Kokosmilch

75 g Zucker

2–3 EL Kokoslikör (z. B. Batida de Côco)

200 g Zartbitterschokolade

10 g Palmin

1. Reis mit Kokosmilch und Zucker in einen Topf geben und bei mittlerer Hitze unter häufigem Rühren offen in ca. 20 Minuten garen. Den Topf vom Herd nehmen und den Milchreis mit Kokoslikör verfeinern. Anschließend vollständig abkühlen lassen.

2. Den erkalteten Milchreis mit angefeuchteten Händen zu walnussgroßen Kugeln formen. Zartbitterschokolade klein hacken und mit Palmin in einer Schüssel über einem heißen Wasserbad schmelzen.

3. Milchreiskugeln in die flüssige Glasur tunken, dann mit einer Gabel herausheben, etwas abtropfen lassen und auf ein Pralinengitter setzen. Beginnt die Glasur fest zu werden, die Kugeln mit einer Gabel über das Gitter rollen und so die typische Trüffel-Optik herstellen.

Tipp: Nach Belieben in Kokosraspeln wälzen.

SCHOKO-GOLDBARREN

🕐 Zubereitung: ca. 35 Min.
❄ Kühlen: ca. 3 Std.

FÜR 20-25 STÜCK

100 g Vollmilchschokolade
200 g Zartbitterschokolade
150 ml Sahne
25 g Zucker
1 TL Zimt
2–3 EL Orangenlikör (z.B. Grand
Marnier)
Ca. 2 TL essbare goldene
Puderfarbe (erhältlich im Internet)

AUSSERDEM:
Pflanzenöl für die Form

1. Beide Schokoladensorten hacken und über einem heißen Wasserbad schmelzen. Sahne mit Zucker und Zimt aufkochen und mit dem Orangenlikör unter die geschmolzene Schokolade rühren. Die Mischung vollständig erkalten lassen.

2. Eine kleine Backform (ca. 10 x 20 cm) zunächst dünn mit Öl ausstreichen, dann mit Backpapier möglichst faltenfrei auslegen. Die erkaltete Schokoladensahne mit einem Handrührgerät cremig aufschlagen, ca. 2 cm hoch mit einer Palette in die Form streichen und 2 Std. im Kühlschrank fest werden lassen.

3. Die Creme auf ein Schneidebrett stürzen und mit einem Messer in ca. 1,5 cm breite Streifen und dann in ca. 3 cm lange Stücke schneiden. Dabei die Messerklinge immer wieder in heißes Wasser tauchen.

4. Jedes Schokoladenstück mithilfe eines weichen Pinsels mit etwas Puderfarbe einstäuben.

Pfefferminz-Kekse

🕐 Zubereitung: ca. 1 Std.
💧 Ruhen: ca. 1 Std.
🔲 Backen: 10–12 Min.

FÜR CA. 50 KEKSE

250 g kalte Butter
150 g Zucker
1 Ei
400 g Mehl
2–3 TL Kakaopulver
1 Prise Salz
250 g Puderzucker
4–5 EL Pfefferminzlikör
200 g Zartbitterkuvertüre
20 g Palmin

AUSSERDEM:
Mehl für die Arbeitsfläche

1. Butter würfeln und mit Zucker, Ei, Mehl, Kakao und Salz zu einem glatten Teig kneten. Diesen in Frischhaltefolie wickeln und für 1 Stunde in den Kühlschrank legen.

2. Den Ofen auf 180 °C vorheizen. Den Teig auf der mit Mehl bestäubten Arbeitsfläche 2–3 mm dünn ausrollen und in 4 cm große Quadrate schneiden bzw. ausstechen. Diese nebeneinander auf mit Backpapier belegte Backbleche legen und 10–12 Minuten im Ofen backen. Anschließend abkühlen lassen.

3. Puderzucker und Pfefferminzlikör zu einer zähflüssigen Masse verrühren und auf der Hälfte der gebackenen Keks-Quadrate verteilen. Restliche Kekse daraufdrücken.

4. Kuvertüre klein hacken und mit Palmin in einer kleinen Schüssel über einem heißen Wasserbad schmelzen. Pfefferminzkekse bis zur Hälfte schräg in die Schokolade tauchen, etwas abtropfen und die Schokolade fest werden lassen.

SCHOKO-MILCHSCHNITTEN

🕐 Zubereitung: ca. 45 Min.

🗓 Backen: ca. 15 Min.

❄ Kühlen: ca. 2 Std.

**FÜR 1 KLEINE BACKFORM
(CA. 15 X 25 CM) ODER
12-16 PORTIONEN**

Für den Boden:
100 g Mehl
35 g Kakaopulver
1 TL Backpulver
1 Ei
125 g Zucker
85 g Mayonnaise

Für die Mousse:
4 Blatt Gelatine
250 ml Milch
1 Pck. Vanillezucker
1 Eiweiß
1 Prise Salz
50 g Zucker
125 ml Sahne

1. Den Ofen auf 180 °C vorheizen. Mehl mit Kakao und Backpulver mischen. Ei mit Zucker in ca. 8 Minuten schaumig schlagen. Dann zunächst die Mayonnaise, danach die Mehlmischung abwechselnd mit 100 ml zimmerwarmem Wasser unterrühren.

2. Den Teig in der mit Backpapier ausgelegten Form gleichmäßig verteilen und im Ofen ca. 15 Minuten backen. Anschließend in der Form abkühlen lassen.

3. Inzwischen die Gelatine 5 Minuten in kaltem Wasser einweichen. ⅓ der Milch mit Vanillezucker aufkochen, Gelatine ausdrücken und in der heißen Milch auflösen. Die restliche Milch unterrühren, alles in eine Schüssel umfüllen und im Kühlschrank leicht gelieren lassen. Das Eiweiß mit dem Salz sehr steif schlagen, dabei langsam den Zucker einrieseln lassen. Die Sahne zu halbsteifer Konsistenz schlagen. Zunächst die Sahne, dann den Eischnee behutsam unter die leicht gelierte Milch heben.

4. Die luftige Mousse auf dem Schokoboden verteilen, glatt streichen und für 2 Stunden kalt stellen. Anschließend den Kuchen aus der Form nehmen und mit einem immer wieder in heißes Wasser getauchten Messer in gleich große Portionen schneiden.

TIPP: Eine witzige Optik erhalten die Milchschnitten, wenn Sie mit flüssiger dunkler Schokolade ein Kuhfleckenmuster auf die Mousse spritzen.

Salziges Karamell-Konfekt

1. Zucker mit Honig, Kaffeesahne, Butter und Sahne in einen breiten Topf geben und unter Rühren aufkochen lassen. Temperatur reduzieren und die Mischung ca. 1½ Stunden bei schwacher bis mittlerer Hitze langsam offen einkochen lassen. Dabei gelegentlich umrühren. Am Ende sollte ca. 500 g goldbraune, zähflüssige Karamellmasse übrig sein.

2. Schokolade klein hacken, unter die fertig eingekochte Karamellmasse rühren und darin schmelzen. Die Masse ca. 10 Minuten abkühlen lassen, dann mit dem Handrührgerät kurz aufschlagen. In einen Spritzbeutel mit kleiner Lochtülle umfüllen und in kleine Pralinenförmchen spritzen. Jedes Konfekt mit etwas Fleur de Sel bestreuen und vollständig abkühlen lassen.

🕐 Zubereitung: ca. 25 Min.
♨ Kochen: ca. 1½ Std.

FÜR 35-40 STÜCK

350 g brauner Zucker
2 EL Blütenhonig
165 ml Kaffeesahne
175 g Butter
250 ml Sahne
100 g Vollmilchschokolade
Ca. 2 EL Fleur de Sel

SCHOKO-DONUTS

1. Hefe mit 3 TL lauwarmem Wasser, der lauwarmen Milch und 1 EL Zucker verrühren und zugedeckt 10 Minuten gehen lassen.

2. Vorteig mit restlichem Zucker, weicher Butter, Mehl, Eiern und Vanillezucker zu einem glatten, geschmeidigen Teig verkneten. Die Hälfte davon abnehmen und gründlich mit dem Kakao vermischen. Beide Teige in je eine Schüssel geben und an einem warmen Ort zugedeckt nochmals 30–40 Minuten gehen lassen.

3. Den hellen sowie den dunklen Teig auf der mit Mehl bestäubten Arbeitsfläche ca. 1,5 cm dick ausrollen und daraus Kreise (Ø 5–6 cm) ausstechen. Dann mit einem kleineren Ausstecher jeweils ein Loch in der Mitte ausstechen. Donuts auf mit Backpapier belegte Bleche legen und nochmals 10 Minuten gehen lassen. Teigreste verkneten und zu weiteren Donuts verarbeiten.

4. Öl auf ca. 170 °C erhitzen. Die Teigringe portionsweise auf jeder Seite ca. 1 Minute backen. Danach auf Küchenpapier abtropfen lassen.

5. Für die dunkle Glasur Zartbitterkuvertüre klein hacken und mit 50 g Butter und 125 g Honig in einem kleinen Topf unter Rühren schmelzen. Die hellen Donuts mit einer Seite in die Glasur tauchen. Diese etwas abtropfen und fest werden lassen.

6. Für die helle Glasur die weiße Kuvertüre klein hacken und mit der restlichen Butter und dem übrigen Honig unter Rühren schmelzen. Die dunklen Donuts mit einer Seite in die Glasur tauchen und mit Kokosraspeln bestreuen.

🕐 Zubereitung: ca. 1 Std.

♨ Ruhen: ca. 1 Std.

FÜR CA. 30 STÜCK

3 TL Trockenhefe
150 ml lauwarme Milch
75 g Zucker
75 g weiche Butter
500 g Mehl
3 Eier
1 Pck. Vanillezucker
2 EL Kakaopulver
Ca. 750 ml Pflanzenöl zum Frittieren

Für die Glasur:

150 g Zartbitterkuvertüre
100 g Butter
200 g klarer Honig
150 g weiße Kuvertüre
Ca. 100 g Kokosraspel

AUSSERDEM:

Mehl für die Arbeitsfläche

Schokoladen-Cupcakes

MIT PORTWEINCREME

🕐 Zubereitung: ca. 45 Min.

🔲 Backen: ca. 30 Min.

FÜR 8 STÜCK

150 g Zartbitterschokolade
125 g Zucker
250 g weiche Butter
2 zimmerwarme Eier
125 g Mehl
2 EL Kakaopulver
2 TL Backpulver
350 ml roter Portwein
50 g Puderzucker
10 g Speisestärke

1. 50 g Schokolade fein raspeln. Die restliche Schokolade klein hacken und in einer Schüssel über einem heißen Wasserbad schmelzen. Flüssige Schokolade dünn auf einen Bogen Backpapier streichen und im Kühlschrank fest werden lassen. Anschließend in kleine Splitter brechen und bis zur Verwendung kühl aufbewahren.

2. Den Ofen auf 180 °C vorheizen. Acht Mulden einer Muffinform mit Papierförmchen auslegen. Zucker und die Hälfte der Butter mit dem Handrührgerät in ca. 5 Minuten schaumig schlagen. Eier nach und nach unterrühren. Mehl mit Kakao und Backpulver mischen, darübersieben und unterrühren. Dann die fein geraspelte Schokolade zusammen mit 75 ml Portwein untermischen. Papierförmchen zu ⅔ mit dem Teig füllen und die Muffins ca. 30 Minuten im Ofen backen. Danach erkalten lassen.

3. Restlichen Portwein mit Puderzucker auf 150 ml einkochen lassen. 2–3 EL der Reduktion mit der Stärke glatt rühren, die restliche reduzierte Portweinmischung nach und nach unterrühren. Die Mischung zurück in den Topf gießen und so lange auf dem heißen Herd rühren, bis sie eine dickflüssige Konsistenz hat. Dann abkühlen lassen. Restliche Butter in ca. 5 Minuten mit dem Handrührgerät schaumig schlagen. Dann die Portweincreme löffelweise zufügen und gründlich unterrühren. Die Creme auf den Muffins verteilen und die Cupcakes mit Schokosplittern garnieren.

Gebackene Schoko-Rum-Kugeln

1. Beide Schokoladensorten hacken. Sahne mit Puderzucker aufkochen, die gehackte Schokolade unterrühren und darin schmelzen. Die Masse für ca. 2 Stunden im Kühlschrank erkalten lassen.

2. Die kalte Schokoladensahne mit einem Handrührgerät cremig-fest rühren, in einen Spritzbeutel füllen und walnussgroße Kugeln auf ein Blech spritzen. Das Blech kühl stellen.

3. Biskuit fein zermahlen. Schokokugeln in Mehl wenden, durch die verquirlten Eier ziehen und in den Biskuitbröseln panieren.

4. Öl in einem kleinen Topf erhitzen. Den Teig erst kurz vor dem Backen der Kugeln zubereiten. Dafür Mehl, Stärke und Honig in eine Schüssel geben. Rum und Bier zugießen und alles miteinander verrühren. Panierte Kugeln durch den Teig ziehen und portionsweise im heißen Öl in 2–3 Minuten goldbraun und knusprig ausbacken. Anschließend auf Küchenpapier abtropfen lassen.

 **Tipp:** Servieren Sie die Schoko-Rum-Kugeln mit fruchtigem Orangen-Curd zum Dippen.

🕐 Zubereitung: ca. 45 Min.
❄ Kühlen: ca. 2½ Std.

FÜR 20-25 KUGELN

Für die Kugeln:
150 g Vollmilchschokolade
150 g Zartbitterschokolade
125 ml Sahne
50 g Puderzucker

Für den Teig:
100 g Mehl
100 g Speisestärke
1 EL Honig
150 ml Rum
150 ml Bier

AUSSERDEM:
100 g Schokoladen-Biskuit
(Rezept s. S. 76)
Mehl zum Wenden
2 Eier, verquirlt
Ca. 500 ml Pflanzenöl zum
Frittieren

SCHOKOLADEN-NUSS-SCHNECKEN

🕐 Zubereitung: ca. 1 Std.
🔥 Ruhen: mind. 4 Std.
❄️ Tiefkühlen: ca. 3 Std.
🔲 Backen: ca. 25 Min.

FÜR CA. 18 SCHNECKEN

Für den Teig:
20 g Frischhefe
500 g Mehl
300 ml eiskalte Milch
25 g brauner Zucker
10 g Salz
250 g Butter

Für die Füllung:
100 g Zucker
50 g Mandelstifte
50 gehackte Haselnüsse
50 g gehackte Walnusskerne
100 g Zartbitterschokolade
2 Eigelb
50 g Zucker
150 ml Milch
20 g Speisestärke

1. Für den Teig die Hefe in eine Schüssel bröseln. Mehl, Milch, Zucker und Salz zufügen und alles zu einem glatten, geschmeidigen Teig verkneten. Diesen in einen Zip-Beutel füllen und im Kühlschrank für mindestens 2 Stunden, besser aber über Nacht, kühl stellen.

2. Butter zwischen 2 Backpapierbögen zu einem ca. 20 cm großen und 1 cm dicken Quadrat ausrollen. Den gekühlten Teig auf der mit Mehl bestäubten Arbeitsfläche zu einem Rechteck von ca. 20 x 40 cm ausrollen. In die Mitte die ausgerollte Butter legen. Den Teig von beiden Seiten darüberklappen. Am Rand den Teig rundum zusammendrücken, sodass die Butter vollständig eingeschlossen ist. Dann das Teigstück um 90 Grad drehen und vorsichtig zu einem Rechteck von 20 x 60 cm ausrollen. Ein Teigdrittel zur Mitte hin falten, sodass das Rechteck nur noch 20 x 40 cm groß ist. Nun das gegenüberliegende Teigdrittel darüberschlagen. Das Teigstück zugedeckt auf einem Blech ca. 30 Minuten kalt stellen. Das Ausrollen und Falten noch zweimal wiederholen. Den Teig dabei jedes Mal vor dem Ausrollen um 90 Grad drehen und nach dem Zusammenfalten zugedeckt für 30 Minuten kalt stellen.

3. Inzwischen für die Füllung den Zucker in einem breiten Topf goldbraun karamellisieren. Mandeln und Nüsse unterrühren, auf einem Bogen Backpapier verteilen und vollständig erkalten lassen. Dann die Nussmischung in einer Küchenmaschine fein zerhacken.

4. Schokolade klein hacken. Eigelbe mit Zucker, Milch und Stärke in einen Topf geben und auf dem heißen Herd so lange rühren, bis die Mischung eine puddingartige Konsistenz hat. Den Topf vom Herd nehmen, die gehackte Schokolade unterrühren und darin schmelzen. Die Creme abkühlen lassen, dann die karamellisierte Nussmischung unterrühren.

5. Den Teig auf der mit Mehl bestäubten Arbeitsfläche zu einem Rechteck von ca. 40 x 50 cm ausrollen. Schoko-Nuss-Masse gleichmäßig darauf verteilen und glatt streichen. Den Teig von der schmalen Seite aufrollen und straff in Alufolie wickeln. Die Enden fest zudrehen und die Teigrolle für ca. 3 Stunden in das Gefrierfach legen.

6. Den Teig von der Folie befreien und mit einem Sägemesser in ca. 2 cm breite Scheiben schneiden. Diese nebeneinander auf ein Backblech mit Backpapier legen und zugedeckt erneut 40 Minuten gehen lassen.

7. Den Ofen auf 200 °C vorheizen. Das Eigelb mit der Milch verquirlen, die Schnecken gleichmäßig damit einpinseln und im heißen Ofen in ca. 25 Minuten goldbraun backen.

AUSSERDEM:
Mehl für die Arbeitsfläche
1 Eigelb
2 EL Milch

TIPP: Das Zubereiten von Plunderteig erfordert etwas Geduld und Übung. Aber der Aufwand lohnt sich und der Teig lässt sich genauso gut für Croissants verwenden. Wenn es etwas schneller gehen soll, können Sie natürlich auch auf gekauften Blätterteig zurückgreifen oder fertigen Plunderteig bei Ihrem Bäcker bestellen.

Macadamia-Plätzchen

1. Butter würfeln und mit Zucker, Ei, Mehl und Salz zu einem glatten Teig verkneten. Diesen in Frischhaltefolie wickeln und für ca. 1 Stunde in den Kühlschrank legen.

2. Inzwischen Honig mit braunem Zucker und Zimt in einer Pfanne erhitzen, Macadamianüsse zufügen und darin hellbraun karamellisieren. Anschließend die Nüsse auf einem Bogen Backpapier flach verteilen und auskühlen lassen. Aneinanderklebende Nüsse voneinander trennen.

3. Den Ofen auf 180 °C vorheizen. Den Teig auf der mit Mehl bestäubten Arbeitsfläche ca. 3 mm dünn ausrollen. Mit einem Ausstecher runde, blütenförmige Plätzchen ausstechen und diese nebeneinander auf mit Backpapier belegte Backbleche legen. In die Mitte jeweils eine Nuss drücken. Plätzchen in 12–14 Minuten im Ofen goldbraun backen. Anschließend abkühlen lassen.

4. Zartbitterschokolade klein hacken und mit Palmin in einer kleinen Schüssel über einem heißen Wasserbad schmelzen. Plätzchen an der Nuss anfassen und in die Schokolade tauchen. Schokolade abtropfen, die Plätzchen auf ein Gitter setzen und die Glasur fest werden lassen.

Zubereitung: ca. 1 Std.
Kühlen: ca. 1 Std.
Backen: 12–14 Min.

FÜR CA. 60 PLÄTZCHEN

250 g kalte Butter
150 g Zucker
1 Ei
400 g Mehl
1 Prise Salz
2 EL Honig
2–3 EL brauner Zucker
½ TL Zimt
Ca. 60 Macadamianüsse
(ca. 250 g)
150 g Zartbitterschokolade
10 g Palmin

AUSSERDEM:
Mehl für die Arbeitsfläche

Gefüllte Schoko-Kirschen

1. Die Kirschen waschen und gründlich trocken tupfen. Marzipan würfeln und mit Kirschgeist zu einer glatten Masse verkneten. Nun aus der Mischung kleine kirschkerngroße Kugeln formen.

2. Schokolade hacken und mit Palmin in einer Schüssel über einem heißen Wasserbad schmelzen. Dabei regelmäßig umrühren.

3. Kirschen mit einem scharfen Messer so halbieren, dass der Stiel an der Kirsche bleibt. Den Kern vorsichtig mit einem kleinen spitzen Messer entfernen. Je eine kleine Marzipankugel in die nun frei gewordene Stelle drücken.

4. Die beiden Kirschhälften wieder zusammendrücken und in die flüssige Schokolade tauchen. Die Kirschen am Stiel aus der Schokolade ziehen, abtropfen lassen und auf ein Blech mit Backpapier setzen. Schokolade im Kühlschrank fest werden lassen und die Kirschen nach Belieben mit etwas Kakao bestäuben.

🕐 Zubereitung: ca. 35 Min.
❄ Kühlen: ca. 1 Std.

FÜR 24 KIRSCHEN

24 reife große Kirschen
75 g Marzipanrohmasse
1–2 EL Kirschgeist
150 g Zartbitterschokolade
20 g Palmin

AUSSERDEM:
Etwas Kakaopulver zum Bestäuben

SCHOKOLADEN-MADELEINES

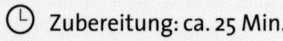 Zubereitung: ca. 25 Min.
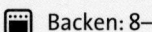 Backen: 8–10 Min.

FÜR CA. 24 MADELEINES

2 Eier
50 g Zucker
80 g zerlassene Butter
1 EL Orangenlikör (z. B. Grand Marnier)
80 g Mehl
2 TL Kakao
½ TL Backpulver
1 Prise Salz
100 g Zartbitterschokolade
1 EL Honig

AUSSERDEM:
Butter und Mehl für die Madeleine-Form

1. Den Backofen auf 180 °C vorheizen. Die Vertiefungen der Madeleine-Backform sorgfältig ausbuttern und mit Mehl bestäuben. Eier mit Zucker in ca. 5 Minuten schaumig schlagen. Dann die zerlassene Butter und den Orangenlikör unterrühren. Mehl mit Kakao, Backpulver und Salz mischen und kräftig unter die Buttermasse rühren, bis der Teig glatt und geschmeidig ist.

2. Den Teig in einen Spritzbeutel füllen und in die Vertiefungen spritzen. Die Madeleines 8–10 Minuten im Ofen backen, anschließend aus der Form stürzen und abkühlen lassen.

3. Die Schokolade klein hacken und mit dem Honig in einer Schüssel über einem heißen Wasserbad schmelzen. Madeleines zur Hälfte in die flüssige Schokolade tauchen, abtropfen und die Schokolade fest werden lassen.

Puffreis-Schokolade

MIT INGWER UND GRÜNEM TEE

⏲ Zubereitung: ca. 20 Min.

❄ Kühlen: ca. 30 Min.

FÜR 4-6 PORTIONEN

1 Bio-Limette
50 g kandierter Ingwer
200 g weiße Kuvertüre
150 g Rice Krispies
Ca. 2 EL Grüntee-Pulver
(Matcha-Tee, erhältlich
im Asialaden)

1. Limette heiß abspülen, die Schale fein abreiben. Ingwer zunächst klein würfeln, dann zusammen mit dem Limettenabrieb möglichst fein hacken.

2. Die Kuvertüre klein hacken und in einer Schüssel über einem heißen Wasserbad schmelzen. Die Schüssel vom Wasserbad nehmen und zunächst die Ingwer-Limetten-Mischung unterrühren, danach die Rice Krispies.

3. Ein Tablett mit Backpapier belegen und die Mischung darauf verteilen. Einen zweiten Bogen Backpapier auf die Masse legen und glatt streichen, sodass sich eine ca. 5 mm dicke Puffreis-Schokoladen-Schicht ergibt. Das Tablett in den Kühlschrank stellen und die Puffreis-Schokolade in ca. 30 Minuten fest werden lassen.

4. Den oberen Bogen Backpapier abziehen. Das Grüntee-Pulver gleichmäßig auf die Schokolade stäuben. Dann die Schokolade in Stücke brechen.

Cassis-Glühwein-Trüffel

1. Wein, Orangenabrieb und Gewürze in einen Topf geben und offen bei mittlerer Hitze langsam auf 75 ml einkochen lassen. Anschließend den Glühwein durch ein feines Sieb gießen, auffangen und zurück in den Topf füllen. Die Gewürze entsorgen.

2. Kuvertüre klein hacken, mit Butter, Rum und 2 TL Cassispulver unter den heißen Glühwein rühren und darin schmelzen. Die Mischung in eine Schüssel umfüllen und ca. 6 Stunden kalt stellen.

3. Aus der fest gewordenen Masse mit den Händen walnussgroße Kugeln formen und diese im restlichen Cassispulver wälzen. Die Trüffel am besten kühl aufbewahren.

Tipp: Anstelle der einzelnen Gewürze können Sie auch eine fertig zusammengestellte Glühwein-Gewürz-Mischung verwenden.

🕐 Zubereitung: ca. 35 Min.
❄ Kühlen: ca. 6 Std.

FÜR CA. 20 STÜCK

250 ml kräftiger Rotwein
Abrieb von 1 Bio-Orange
Mark von 1 Vanilleschote
1 Zimtstange
2 Sternanis
3 Kardamomkapseln
2 Nelken
250 g weiße Kuvertüre
50 g weiche Butter
1 EL Rum
Ca. 125 g Cassispulver
(konzentriertes Fruchtpulver, erhältlich im gut sortierten Gewürzhandel)

BISKUIT-MARONEN-TÖRTCHEN

🕐 Zubereitung: ca. 1 Std.

🖻 Backen: ca. 15 Min.

❄ Kühlen: ca. 2 Std.

FÜR CA. 8 KLEINE TÖRTCHEN

Für den Biskuit:

3 Eier

50 g Zucker

50 g Mehl

2 TL Backpulver

3 EL Kakaopulver

Für die Mousse:

100 g Zartbitterschokolade

2 Blatt Gelatine

2 Eigelb

50 g Puderzucker

100 g Maronenpüree

200 g geschlagene Sahne

1. Den Ofen auf 180 °C vorheizen. Eier und Zucker in eine Schüssel füllen und mit einem Handrührgerät in ca. 5 Minuten schaumig schlagen. Mehl, Backpulver und Kakao mischen und unter den Eischaum heben. Den Teig auf ein mit Backpapier belegtes Backblech streichen und im heißen Ofen ca. 15 Minuten backen. Anschließend abkühlen lassen.

2. Aus dem Teig acht Kreise (Ø 5–6 cm) ausstechen. Acht Portionsringe (Ø 5–6 cm) nebeneinander auf ein Tablett setzen, je einen runden Biskuitboden in jeden Ring legen.

3. Für die Mousse die Schokolade klein hacken und in einer Schüssel über einem heißen Wasserbad schmelzen. Gelatine 5 Minuten in kaltem Wasser einweichen. Eigelbe mit Puderzucker und 2 EL Wasser über einem heißen Wasserbad in ca. 5 Minuten schaumig-steif aufschlagen. Die Schüssel vom Wasserbad nehmen, die Gelatine ausdrücken und im warmen Eigelbschaum auflösen. Dann zunächst die flüssige Schokolade

und das Maronenpüree nach und nach unterrühren, anschließend die geschlagene Sahne behutsam unterheben. Die Mousse auf den Biskuit in die Portionsringe füllen und für ca. 2 Stunden kalt stellen.

4. Währenddessen den Zucker in einem Topf karamellisieren lassen, Vanille und Zimt zufügen und mit Rotwein und Johannisbeersaft ablöschen. Preiselbeeren zugeben und bei niedriger Temperatur ca. 5 Minuten köcheln lassen. Speisestärke mit etwas kaltem Wasser anrühren und das Ragout damit leicht binden. Anschließend abkühlen lassen und Vanilleschote und Zimtstangen entfernen.

5. Die Ringe vorsichtig von den Törtchen lösen. Maronenpüree glatt rühren und in einen Spritzbeutel mit möglichst kleiner Lochtülle füllen. Das Püree am Rand spiralförmig auf die Törtchen spritzen. Dabei die Mitte frei lassen. Preiselbeeren in der Mitte verteilen und die Törtchen nach Belieben mit etwas geraspelter Schokolade bestreuen.

AUSSERDEM:
75 g Zucker
1 Vanilleschote, aufgeschlitzt
2 Zimtstangen
100 ml Rotwein
100 ml Johannisbeersaft
250 g frische Preiselbeeren (alternativ TK-Beeren)
1–2 TL Speisestärke
200 g Maronenpüree
Geraspelte Vollmilchschokolade zum Bestreuen nach Belieben

Für die Kaffeetafel

KUCHEN, TARTES & TORTEN

NUSS-BROWNIES

MIT ROTWEINBIRNEN

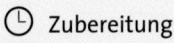 Zubereitung: ca. 35 Min.
Backen: ca. 35 Min.

FÜR 9 PORTIONEN

Für die Birnen:
9 kleine Birnen
400 ml Rotwein
Saft und Abrieb von 1 Bio-Orange
100 g Zucker
4 EL Rum
1 Vanilleschote, aufgeschlitzt
2–3 Sternanis
3 Kardamomkapseln
2 Zimtstangen

Für die Brownies:
50 g Nuss-Nougat
50 g Zartbitterschokolade
75 g Butter
2 Eier
50 g Puderzucker
1 Prise Salz
2 EL Mehl
1 TL Backpulver
75 g fein gemahlene Haselnüsse

AUSSERDEM:
Fett und Mehl für die Form

1. Birnen schälen und von unten mit einem Kugelausstecher das Kerngehäuse entfernen. Rotwein mit Orangensaft und -abrieb, Zucker, Rum und Gewürzen aufkochen. Birnen in den Sud geben und darin bei mittlerer Hitze ca. 10 Minuten pochieren. Topf vom Herd ziehen und die Birnen im Sud am besten über Nacht im Kühlschrank durchziehen lassen.

2. Den Ofen auf 160 °C vorheizen. Eine tiefe Backform (ca. 20 x 20 cm) fetten und mit Mehl ausstäuben. Nougat mit gehackter Schokolade und Butter in einer Schüssel über einem heißen Wasserbad schmelzen. Eier, Zucker und Salz mit dem Handrührgerät in ca. 5 Minuten schaumig schlagen. Dann die flüssige Schokomischung unterrühren. Mehl mit Backpulver und Haselnüssen mischen und unterheben.

3. Teig in die Form füllen und die marinierten Birnen hineinsetzen. Die Brownies ca. 35 Minuten auf der untersten Schiene des Ofens backen. Etwas abkühlen lassen, dann zwischen den einzelnen Birnen in Stücke schneiden.

TIPP: Sollten Sie keine kleinen Birnen bekommen, so schneiden Sie einfach 3 mittelgroße geschälte und entkernte Birnen in Würfel und dünsten diese wie die kleinen Birnen im Punsch. Mischen Sie dann die Birnenwürfel ausgekühlt unter den Brownieteig, bevor Sie ihn in den Ofen schieben.

Kuppeltorte

⏰ Zubereitung: ca. 1 Std.

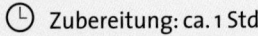 Backen: ca. 25 Min.

❄ Kühlen: ca. 1 Std.

FÜR 4-6 PORTIONEN

Für den Biskuit:

100 g Mehl

35 g Kakaopulver

1 TL Backpulver

1 Ei

125 g Zucker

85 g Mayonnaise

Butter für die Form

Für die Cassiscreme:

50 ml Rotwein

100 g Cassismark (erhältlich
z. B. bei Bos Food)

50 g Puderzucker

10 g Speisestärke

125 g weiche Butter

Für die Ganache:

50 g Zartbitterschokolade

100 g weiche Butter

50 g Puderzucker

2 TL Kakaopulver

2–3 EL Cassislikör

75 g geschlagene Sahne

1. Den Ofen auf 180 °C vorheizen. Mehl mit Kakao und Backpulver mischen. Ei mit Zucker in ca. 8 Minuten schaumig schlagen. Zunächst die Mayonnaise, dann die Mehlmischung abwechselnd mit 100 ml Wasser unterrühren. Den Teig in eine gebutterte Kuppelform (Ø ca. 16 cm) oder eine ofenfeste halbrunde Schale füllen und ca. 25 Minuten backen. Den Biskuit abkühlen lassen und zweimal horizontal halbieren.

2. Inzwischen Rotwein, Cassismark, Puderzucker und Stärke so lange in einem Topf auf dem heißen Herd verrühren, bis eine dickflüssige Konsistenz erreicht ist. Die Creme vollständig abkühlen lassen. Butter in ca. 5 Minuten schaumig schlagen, dann löffelweise die Cassiscreme zufügen und gründlich unterrühren.

3. Die Form mit Frischhaltefolie auskleiden. Cassiscreme abwechselnd mit dem Teig hineinschichten und für 1 Stunde kalt stellen.

4. Schokolade klein hacken und über einem heißen Wasserbad schmelzen. Die Butter in ca. 5 Minuten schaumig schlagen. Dabei löffelweise Puderzucker und Kakao zufügen. Nach und nach Schokolade und Cassislikör unterrühren, dann die Sahne unterheben. Die Torte stürzen und vollständig mit der Ganache einstreichen.

Blutorangen-Tarte

1. 1 Eigelb mit 50 g Zucker, Butter und Mehl zu einem Teig verkneten und für 2 Stunden in Frischhaltefolie gewickelt kühl stellen.

2. Inzwischen die Blutorangen mit einem scharfen Messer sorgfältig schälen und filetieren.

3. Den Ofen auf 180 °C vorheizen. Eine Tarteform ausbuttern und mit Mehl bestäuben. Den Teig auf der leicht bemehlten Arbeitsfläche ca. 3 mm dünn ausrollen, anschließend die Form damit auslegen. Den Boden mehrmals mit einer Gabel einstechen, dann in ca. 15 Minuten im Ofen goldbraun backen. Herausnehmen und abkühlen lassen.

4. Milch mit Vanillemark und Kakao zum Kochen bringen. Restliche Eigelbe in einen anderen Topf geben und mit dem übrigen Zucker und dem Puddingpulver verrühren. Heiße Vanillemilch zugießen, den Topf auf den Herd stellen und unter ständigem Rühren ca. 3 Minuten kochen lassen. Dann die Creme vom Herd nehmen, Orangenlikör unterrühren und auf dem ausgekühlten Boden verteilen. Die Creme abkühlen lassen und anschließend die Blutorangenfilets gleichmäßig darauf verteilen.

Tipp: Nach Belieben mit geraspelter Vollmilchschokolade bestreuen.

🕐 Zubereitung: ca. 40 Min.
❄ Kühlen: ca. 2 Std.
🍳 Backen: ca. 15 Min.

FÜR 1 TARTE (Ø CA. 22 CM) ODER CA. 8 PORTIONEN

4 Eigelb
120 g Zucker
70 g weiche Butter
150 g Mehl
8 Blutorangen
250 ml Milch
Mark von 1 Vanilleschote
10 g Kakaopulver
25 g Schokoladenpuddingpulver
2 EL Orangenlikör (z. B. Grand Marnier)

AUSSERDEM:
Butter für die Form
Mehl für die Form und die Arbeitsfläche

Schokoladen-Pudding

1. Trockenobst mit 150 ml kochendem Wasser übergießen und 15 Minuten ziehen lassen. Anschließend die Mischung mit einem Mixstab fein pürieren und auskühlen lassen.

2. Schokolade klein hacken und in einer Schüssel über einem heißen Wasserbad schmelzen. In einer anderen Schüssel Butter, Vanillemark und Zucker mit dem Handrührgerät einige Minuten verrühren. Nach und nach die Eier zufügen und untermixen. Danach Mehl, Haselnüsse, Kakao, Backpulver, das Früchtepüree und die geschmolzene Schokolade untermischen.

3. Den Teig in eine gefettete Puddingform (ca. 1 l Inhalt) füllen, diese verschließen, bis zum Rand in ein leicht köchelndes Wasserbad stellen und ca. 2 Stunden darin garen.

4. Inzwischen Sahne mit Zucker und Orangensaft aufkochen. Den Topf vom Herd ziehen, beide Schokoladensorten klein hacken, nach und nach unter die Flüssigkeit rühren und darin schmelzen. Sauce nach Belieben mit Whiskey oder Orangenlikör aromatisieren.

5. Den Pudding aus dem Wasserbad nehmen, 15 Minuten stehen lassen, dann stürzen und mit der Schokoladensauce übergießen.

🕐 Zubereitung: ca. 45 Min.
🔥 Garen: ca. 2 Std.

FÜR CA. 6 PORTIONEN

Für den Pudding:
150 g Trockenobst
100 g Zartbitterschokolade
50 g weiche Butter
Mark von 1 Vanilleschote
150 g brauner Zucker
4 Eier
25 g Mehl
75 g gemahlene Haselnüsse
1–2 EL Kakaopulver
1 TL Backpulver

Für die Sauce:
150 ml Sahne
50 g Zucker
Saft von 1 Orange
100 g Zartbitterschokolade
50 g Vollmilchschokolade
3 EL Whiskey oder Orangenlikör
(z. B. Grand Marnier) nach Belieben

AUSSERDEM:
Fett für die Form

SCHOKOLADEN-BISKUIT-ROLLE

🕐 Zubereitung: ca. 1 Std.
🍞 Backen: ca. 10 Min.
❄️ Kühlen: ca. 1½ Std.

FÜR 1 ROLLE VON CA. 25 CM LÄNGE (ERGIBT 8–10 PORTIONEN)

Für den Biskuit:
4 Eier
50 g Zucker
1 Prise Salz
2 EL Mehl
2 EL Kakaopulver
2 EL Speisestärke

Für die Creme:
100 g weiße Kuvertüre
1 Bio-Orange
2 Blatt Gelatine
2 Eier
80 g Zucker
2 EL Orangenlikör (z.B. Grand Marnier)
250 g zimmerwarmer Mascarpone

1. Den Ofen auf 180 °C vorheizen. Eier trennen. Eigelbe mit der Hälfte des Zuckers schaumig schlagen, Eiweiße mit dem restlichen Zucker und dem Salz zu steifem Schnee schlagen. Mehl, Kakao und Stärke mischen und über das schaumig geschlagene Eigelb sieben. ⅓ des Eischnees zufügen und alles glatt rühren. Restlichen Eischnee behutsam unterheben.

2. Biskuitmasse ca. 5 mm dick auf ein mit Backpapier belegtes Backblech streichen und ca. 10 Minuten im Ofen backen. Anschließend den Biskuit auf ein mit Puderzucker bestäubtes Tuch stürzen, sodass das Backpapier oben ist. Backpapier entfernen, Biskuit zu einem Rechteck von ca. 30 x 40 cm schneiden.

3. Die Kuvertüre klein hacken und in einer Schüssel über einem leicht köchelnden Wasserbad schmelzen. Die Schale der Orange fein abreiben und den Saft auspressen. Gelatine 3 Minuten in kaltem Wasser einweichen. Die Eier trennen und die Eigelbe mit der Hälfte des Zuckers sowie mit Orangensaft und Likör in einer Schüssel über einem heißen Wasserbad zu einem warmen Schaum aufschlagen. Gelatine ausdrücken und im warmen Schaum auflösen, dann zügig zunächst die flüssige Kuvertüre, danach sofort Mascarpone und Orangenabrieb unterrühren. Eiweiße steif schlagen. Dabei langsam den restlichen Zucker einrieseln lassen. Eischnee behutsam unter die Creme heben und diese auf den Biskuit streichen. Mithilfe des Tuchs von der schmalen Seite aufrollen und straff in Alufolie wickeln. Die Rolle für 30 Minuten kühl stellen.

4. Inzwischen für den Überzug Sahne aufkochen, Butter und Kuvertüre stückchenweise zufügen und darin schmelzen. Die Mischung etwas abkühlen lassen. 50 ml Wasser mit dem Zucker aufkochen, den Topf vom Herd nehmen und die Schokoladenmischung unterrühren. Den Überzug etwas abkühlen lassen, dann gleichmäßig über die Rolle gießen. Vorgang eventuell noch ein- oder zweimal wiederholen. Die Rolle erneut für mindestens 1 Stunde kühl stellen.

5. Biskuitrolle nach Belieben mit geraspelter Schokolade bestreuen und in ca. 3 cm breite Stücke schneiden.

Für den Überzug:
100 ml Sahne
30 g Butter
150 g Zartbitterkuvertüre
75 g Zucker

AUSSERDEM:
Puderzucker zum Bestäuben
Schokoladenraspel nach Belieben

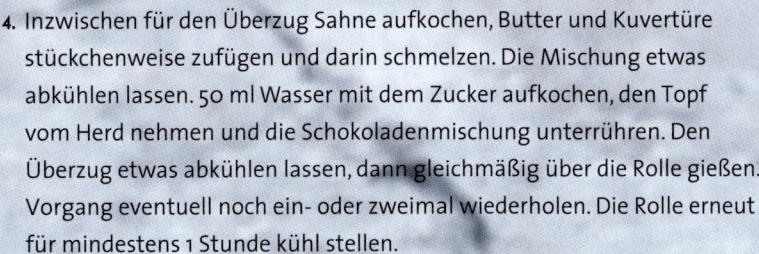

Schokoladentarte

MIT PASSIONSFRUCHT UND KOKOSKRUSTE

1. Den Ofen auf 160 °C vorheizen. Gehackte Schokolade und 150 g Butter zusammen in einer Schüssel über einem heißen Wasserbad schmelzen. Eier mit 150 g Zucker und dem Salz in ca. 5 Minuten zu schaumig-steifer Konsistenz aufschlagen. Die flüssige Schokoladenmischung unter den Eischaum rühren. Den Teig in eine mit Backpapier ausgelegte Tarteform (Ø ca. 22 cm) füllen und ca. 35 Minuten im Ofen backen. Anschließend den Boden in der Form auskühlen lassen.

2. Inzwischen ca. 100 ml Passionsfruchtmark mit der Stärke glatt rühren. Restliches Mark mit den Gewürzen aufkochen, dann ca. 15 Minuten am Herdrand ziehen lassen. In einem zweiten Topf die Eigelbe mit Puderzucker verrühren, heißes Passionsfruchtmark durch ein feines Sieb zugießen und die angerührte Stärke untermischen. Den Topf auf den Herd stellen, die Flüssigkeit langsam unter ständigem Rühren kurz aufkochen. Sobald die Mischung beginnt, dicksämig zu werden, diese in die Tarteform gießen und gleichmäßig auf dem Boden verteilen. Die Creme vollständig abkühlen lassen.

3. Kurz vor dem Servieren den Backofengrill vorheizen. Kokosraspel mit der restlichen Butter und dem übrigen Zucker vermischen und gleichmäßig auf der Passionsfruchtcreme verteilen. Tarte in den Ofen geben und in ca. 5 Minuten goldbraun backen.

🕐 Zubereitung: ca. 45 Min.
🍳 Backen: ca. 40 Min.

FÜR 1 TARTE (Ø CA. 22 CM) ODER CA. 8 PORTIONEN

200 g Zartbitterschokolade
175 g Butter
4 Eier
200 g Zucker
1 Prise Salz
250 ml ungesüßtes Passionsfruchtmark (erhältlich z. B. bei Bos Food)
15 g Speisestärke
1 Vanilleschote, aufgeschlitzt
2 Zimtstangen
½ kleine Chilischote
3 Eigelb
75 g Puderzucker
80 g Kokosraspel

ERDbEERTORTE

MIT BASILIKUM-SCHOKO-MOUSSE

🕐 Zubereitung: ca. 45 Min.

🖾 Backen: ca. 15 Min.

❄ Kühlen: 2–3 Std.

**FÜR 1 TORTE (Ø CA. 21 CM) ODER
CA. 8 PORTIONEN**

Für den Boden:
60 g Pinienkerne
50 g Mehl
1 TL Backpulver
3 Eier
50 g Zucker

Für die Füllung:
20–24 reife Erdbeeren
Ca. 3 EL Orangenlikör (z. B. Grand Marnier)
½ Bund Basilikum
3 Blatt Gelatine
3 Eigelb
75 ml Milch
200 g weiße Kuvertüre
150 g geschlagene Sahne

AUSSERDEM:
Ca. 50 g weiße Kuvertüre
Frische Basilikumblätter zum Garnieren nach Belieben

1. Den Ofen auf 180 °C vorheizen. Pinienkerne in einer Pfanne goldbraun rösten, dann abkühlen lassen und mit Mehl und Backpulver in einem Mixer fein mahlen. Eier und Zucker in 5 Minuten schaumig schlagen, dann die Mehlmischung unterheben. Den Teig in einen Tortenring (Ø ca. 21 cm) auf einem Backblech mit Backpapier ca. 2 cm hoch einfüllen und in ca. 15 Minuten im Ofen goldbraun backen. Biskuit im Tortenring abkühlen lassen.

2. Für die Füllung Erdbeeren waschen und putzen. Die Hälfte der Erdbeeren halbieren. Erdbeerhälften dicht nebeneinander mit der Schnittfläche nach außen an den Tortenring auf den Biskuit setzen. Restliche ganze Beeren in der Mitte verteilen und mit Orangenlikör beträufeln.

3. Basilikumblätter abzupfen. Gelatine 3 Minuten in kaltem Wasser einweichen. Eigelbe mit Milch über einem leicht köchelnden Wasserbad zu dickschaumiger Konsistenz aufschlagen. Die Gelatine ausdrücken und im warmen Eigelbschaum auflösen, dann mit den Basilikumblättern in einem hohen Becher sehr fein pürieren. Kuvertüre klein hacken, über einem heißen Wasserbad schmelzen und mit dem Püree verrühren. Anschließend die geschlagene Sahne behutsam unterheben. Schoko-Basilikum-Mousse auf den Erdbeeren verteilen, glatt streichen und für 2–3 Stunden kalt stellen.

4. Die Torte auf eine Servierplatte umsetzen, Tortenring mit einem Messer lösen und abziehen. Weiße Kuvertüre dünn raspeln und darauf verteilen. Nach Belieben mit etwas frischem Basilikum garnieren.

Brownies

MIT HEIDELBEEREN

1. Eine rechteckige Backform (ca. 20 x 30 cm) mit Backpapier auslegen. Die Schokolade klein hacken und mit der Butter in einer Schüssel über einem heißen Wasserbad schmelzen. Die Mischung anschließend etwas abkühlen lassen.

2. Den Ofen auf 180 °C vorheizen. Espressopulver in ca. 3 EL heißem Wasser auflösen und mit Eiern, Zucker, Mehl und Salz in einer großen Schüssel verrühren. Die flüssige Schokoladenmischung zufügen und unterrühren.

3. Den Teig in die Backform füllen, die Heidelbeeren darauf verteilen und den Brownie ca. 35 Minuten im Ofen backen. Anschließend abkühlen lassen und in ca. 6 x 6 cm große Stücke schneiden.

🕐 Zubereitung: ca. 25 Min.
🗔 Backen: ca. 35 Min.

FÜR 12-15 STÜCK

200 g Vollmilchschokolade
150 g Butter
2 EL lösliches Espressopulver
5 zimmerwarme Eier
150 g brauner Zucker
125 g Mehl
1 Prise Salz
450 g Heidelbeeren

SCHOKOLADENTORTE TRICOLORE

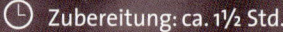 Zubereitung: ca. 1½ Std.

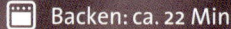 Backen: ca. 22 Min.

✳ Kühlen: ca. 2½ Std.

FÜR 1 TORTE (Ø CA. 24 CM) ODER 4–6 KLEINE TÖRTCHEN (Ø CA. 10 BZW. 6 CM)

Für den Tortenboden:
75 g Butter
50 g Zucker
3 Eier
50 g Mehl
75 g gemahlene Mandeln

Für die dunkle Mousse:
1 Blatt Gelatine
1 Ei
100 g geschmolzene Zartbitterkuvertüre
200 g geschlagene Sahne

1. Den Ofen auf 180 °C vorheizen. Butter mit Zucker schaumig schlagen, die Eier nach und nach unterrühren. Mehl mit Mandeln mischen und behutsam unterheben. Einen Tortenring auf ein mit Backpapier belegtes Backblech setzen. Den Teig gleichmäßig ca. 1 cm dick in dem Ring verteilen, mit dem Löffelrücken glatt streichen und im Ofen in ca. 14 Minuten goldbraun backen. Den Boden anschließend im Ring auskühlen lassen.

2. Für die dunkle Mousse Gelatine 3 Minuten in kaltem Wasser einweichen. Das Ei mit 2 EL Wasser in einer Schüssel über einem heißen Wasserbad schaumig aufschlagen. Flüssige Kuvertüre und Gelatine zufügen und unterrühren. Die Schüssel vom Wasserbad nehmen und die geschlagene Sahne unterheben. Dunkle Mousse in den Tortenring auf den Boden gießen und für 30 Minuten kühl stellen.

3. Inzwischen für die Vollmilch-Schokoladen-Mousse die Gelatine einweichen. Das Ei mit 2 EL Wasser in einer Schüssel über einem heißen Wasserbad schaumig aufschlagen. Gelatine im warmen Eischaum auflösen. Flüssige Vollmilchkuvertüre zufügen und unterrühren. Die Schüssel vom Wasserbad nehmen und die geschlagene Sahne unterheben. Vollmilch-Mousse auf die dunkle Mousse gießen und für weitere 30 Minuten kühl stellen.

4. Währenddessen die weiße Mousse zubereiten. Dafür Gelatine einweichen. Die Eigelbe mit 2 EL Wasser in einer Schüssel über einem heißen Wasserbad schaumig aufschlagen. Gelatine im warmen Eischaum auflösen. Flüssige Kuvertüre zufügen und unterrühren. Die Schüssel vom Wasserbad nehmen und die geschlagene Sahne unterheben. Weiße Mousse gleichmäßig auf der Vollmilch-Schoko-Mousse verteilen. Die Torte nochmals für 1 Stunde kalt stellen.

5. Währenddessen Haselnüsse mit Butter, Mehl, Kakao und Zucker zu Streuseln verkneten. Diese auf einem mit Backpapier belegten Blech verteilen und im 180 °C heißen Ofen in ca. 8 Minuten knusprig backen. Anschließend abkühlen lassen.

6. Die Streusel gleichmäßig auf der fertigen Torte verteilen. Den Tortenring mit einem dünnen Messer vom Rand lösen und entfernen. Nach Belieben den Tortenrand mit etwas flüssiger Zartbitterschokolade dünn einstreichen.

Für die Vollmilch-Schokoladen-Mousse:
2 Blatt Gelatine
1 Ei
100 g geschmolzene Vollmilchkuvertüre
200 g geschlagene Sahne

Für die weiße Mousse:
3 Blatt Gelatine
2 Eigelb
150 g geschmolzene weiße Kuvertüre
250 g geschlagene Sahne

AUSSERDEM:
100 g gemahlene Haselnüsse
100 g kalte Butter
100 g Mehl
1 EL Kakaopulver
50 g brauner Zucker
Ca. 100 g flüssige Zartbitterschokolade für den Tortenrand

Schoko-Haselnuss-Tartelettes

🕐 Zubereitung: ca. 45 Min.
❄ Kühlen: ca. 2 Std.
🍞 Backen: 12–15 Min.

FÜR CA. 6 TARTELETTES (Ø CA. 10 CM)

50 g fein gemahlene Haselnüsse
80 g Mehl
50 g Puderzucker
50 g Frischkäse
50 g weiche Butter
Ca. 60 geschälte Haselnüsse
50 g Zucker
125 ml Sahne
1 EL Vanillezucker
150 g Zartbitterschokolade
50 g Nuss-Nougat

AUSSERDEM:
Mehl für die Arbeitsfläche und
für die Formen
Butter für die Formen

1. Haselnüsse in einer Pfanne goldbraun rösten, dann abkühlen lassen und mit Mehl, Puderzucker, Frischkäse und Butter zu einem glatten, geschmeidigen Teig verkneten. Diesen in Frischhaltefolie wickeln und für 1 Stunde in den Kühlschrank legen.

2. Den Ofen auf 200 °C vorheizen. Den Teig auf der mit Mehl bestäubten Arbeitsfläche ca. 3 mm dünn ausrollen und daraus Kreise (Ø ca. 12 cm) ausstechen. Teigkreise in gebutterte und mit Mehl bestäubte Tartelette-förmchen legen (alternativ eine Muffinform verwenden) und die Böden mehrmals mit einer Gabel einstechen. Tartelettes 12–15 Minuten im Ofen backen. Anschließend auskühlen lassen und vorsichtig aus den Förm-chen lösen.

3. Nüsse grob hacken, Zucker mit 50 ml Wasser aufkochen und mit den gehackten Nüssen mischen. Alles auf einem Backblech mit Backpapier verteilen und die Nüsse im 180 °C heißen Ofen in 8–10 Minuten gold-braun karamellisieren. Dabei gelegentlich mit einem Löffel wenden.

4. Sahne mit Vanillezucker aufkochen. Zartbitterschokolade und Nuss-Nougat in die heiße Sahne geben und unter Rühren schmelzen. Schoko-ladencreme in die gebackenen Tartelettes gießen, die karamellisierten Nüsse darauf verteilen. Tartelettes für 1 Stunde kalt stellen.

Schwarzwälder Milchreistorte

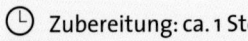 Zubereitung: ca. 1 Std.
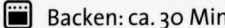 Backen: ca. 30 Min.
❄ Kühlen: ca. 45 Min.

FÜR 1 TORTE (Ø 21 CM)

Für den Biskuit:

4 Eier

75 g Zucker

75 g Mehl

25 g Kakaopulver

1 TL Backpulver

Für die Kirschen:

250 g Sauerkirschen (Glas)

50 g Zucker

1–2 TL Speisestärke

Für den Reis:

500 ml Milch

Mark von 1 Vanilleschote

75 g Zucker

150 g Milchreis

4 Blatt Gelatine

200 g geschlagene Sahne

5 EL Kirschgeist

AUSSERDEM:

Fett für die Form

Schokoraspel zum Garnieren

1. Den Ofen auf 180 °C vorheizen. Eier und Zucker in ca. 5 Minuten schaumig schlagen. Mehl mit Kakao und Backpulver mischen, nach und nach über den Eischaum sieben und unterheben. Biskuitteig in eine gefettete Springform (Ø 21 cm) füllen und ca. 30 Minuten im Ofen backen. Anschließend auf einem Kuchengitter abkühlen lassen, die Form entfernen.

2. Inzwischen die Kirschen in ein Sieb geben, den Saft auffangen und die Früchte gut abtropfen lassen. ¼ des Saftes mit dem Zucker aufkochen und mit etwas angerührter Speisestärke binden. Die Kirschen untermischen und den Topf vom Herd nehmen. Kirschmischung auskühlen lassen.

3. Milch aufkochen, Vanillemark, 50 g Zucker und Reis zufügen und bei mittlerer Hitze in ca. 20 Minuten garen. Dabei öfter umrühren. Die Gelatine 5 Minuten in kaltem Wasser einweichen. Topf vom Herd nehmen, Gelatine im warmen Reis auflösen, dann abkühlen lassen. Schlagsahne und 2 EL Kirschgeist unter den Milchreis heben.

4. Den restlichen Zucker mit 2–3 EL Wasser aufkochen. Den Topf vom Herd nehmen, übrigen Kirschgeist unterrühren und die Mischung abkühlen lassen. Biskuit einmal horizontal durchschneiden, sodass zwei gleich dicke Böden entstehen. Den ersten Boden in einen Tortenring setzen und mit einem Teil der Kirschgeistmischung beträufeln. Darauf die Hälfte vom Milchreis und einen Teil der Kirschen verteilen. Den zweiten Boden daraufsetzen und mit der restlichen Kirschgeistmischung beträufeln. Die zweite Hälfte vom Milchreis die übrigen Kirschen darauf verteilen. Schokoladenraspel darüberstreuen. Die Torte ca. 45 Minuten kalt stellen.

KEKSKUCHEN

1. Palmin in einem Topf schmelzen. Puderzucker, Kakao, Milch und Eier in eine Schüssel geben und mit einem Schneebesen gründlich verrühren. Das lauwarme zerlassene Palmin nach und nach unterrühren, dann mit dem Vanillezucker mischen.

2. Eine schmale Kastenform (25 cm Länge) mit Frischhaltefolie auslegen. Den Boden der Form mit einer dünnen Schicht Kakaomasse bedecken. Darauf Butterkekse legen und wieder mit einer Schicht Kakaomasse bestreichen. So weiterschichten, bis alle Zutaten aufgebraucht sind. Die Form über Nacht abgedeckt kalt stellen.

3. Zum Servieren den Kekskuchen stürzen, die Folie abziehen und am besten mit einem elektrischen Messer oder einem Messer mit Wellenschliff in Scheiben schneiden.

🕐 Zubereitung: ca. 40 Min.
❄ Kühlen: 6–12 Std.

FÜR 1 KUCHEN (CA. 25 CM LÄNGE) ODER CA. 12 PORTIONEN

375 g Palmin
100 g Puderzucker
100 g Kakaopulver
75 ml Milch
3 frische Eier
2 Pck. Vanillezucker
40–50 Butterkekse

Fruchtiger Schoko-Cheesecake

🕐 Zubereitung: ca. 40 Min.

🗓 Backen: ca. 45 Min.

❄ Kühlen: ca. 1 Std.

FÜR 1 KUCHEN (Ø CA. 22 CM) ODER CA. 8 PORTIONEN

150 g Haferkekse
75 g weiche Butter
100 g weiße Kuvertüre
Mark von 1 Vanilleschote
500 g Sahnequark
2 Eier
1 Eigelb
150 g Cassismark (erhältlich
z. B. bei Bos Food)
2 Blatt Gelatine
Ca. 100 g Heidelbeeren

1. Die Haferkekse zerkrümeln und gründlich mit der Butter mischen. Den Boden einer Springform (Ø ca. 22 cm) mit Backpapier auslegen, die Keksmischung gleichmäßig darauf verteilen und mit einem Löffelrücken festdrücken.

2. Den Ofen auf 150 °C vorheizen. Kuvertüre hacken und in einer Schüssel über einem heißen Wasserbad schmelzen. Die flüssige Kuvertüre und das Vanillemark zügig mit dem Quark mischen. Dann nach und nach die Eier und das Eigelb unterrühren. Quarkmasse auf dem Boden verteilen und den Cheesecake ca. 45 Minuten im Ofen backen. Anschließend herausnehmen und in der Form abkühlen lassen.

3. Cassismark erhitzen. Gelatine ca. 3 Minuten in kaltem Wasser einweichen, dann ausdrücken und im heißen Cassismark auflösen. Die Mischung abkühlen lassen, auf den Cheesecake gießen und gleichmäßig darauf verteilen. Heidelbeeren darüberstreuen und den Kuchen für 1 Stunde kalt stellen.

4. Den Cheesecake aus der Form nehmen, in Stücke schneiden und servieren.

Tipp: Nach Belieben mit geraspelter weißer Schokolade garnieren.

Schoko-Mousse-Torte

1. Den Ofen auf 180 °C vorheizen. Eier und Zucker in ca. 5 Minuten schaumig schlagen. Mehl, Haselnüsse und Kakao mischen und unter den Eischaum heben. Teig auf ein mit Backpapier belegtes flaches Blech (ca. 30 x 20 cm) gießen, glatt streichen und im heißen Ofen ca. 12 Minuten backen. Anschließend abkühlen lassen. Backpapier entfernen, Biskuit längs halbieren.

2. Schokolade hacken und über einem heißen Wasserbad schmelzen. Eier trennen. Eiweiße mit Salz zu steifem Schnee schlagen. Dabei nach und nach 50 g Zucker einrieseln lassen. Gelatine 5 Minuten in kaltem Wasser einweichen. Eigelbe mit restlichem Zucker und 2 EL Wasser in einer Schüssel verrühren und über einem heißen Wasserbad zu dickcremiger Konsistenz aufschlagen. Gelatine ausdrücken und darin auflösen. Schüssel vom Wasserbad nehmen, flüssige Vollmilchschokolade unter den Eigelbschaum rühren. Dann zunächst die geschlagene Sahne, danach den Eischnee unterheben.

3. Eine längliche Rehrückenform (ca. 30 x 10 cm) mit Frischhaltefolie auskleiden. Die Hälfte der Mousse in die Form füllen. Darauf einen Biskuitboden legen. Restliche Mousse darauf verteilen und mit dem zweiten Biskuit bedecken. Die Torte für ca. 2 Stunden kalt stellen. Dann stürzen, von der Folie befreien und mit Schokosplittern und Kakao garnieren.

Tipp: Für die Schokosplitter 100 g Zartbitterschokolade über einem heißen Wasserbad schmelzen. Anschließend die Schokolade gleichmäßig dünn auf 1–2 Backpapierbögen streichen, diese einrollen und für ca. 30 Minuten tiefkühlen. Danach das Papier langsam wieder aufrollen und die dabei entstandenen Schokosplitter zum Garnieren verwenden.

🕐 Zubereitung: ca. 1 Std.
🍱 Backen: ca. 12 Min.
❄ Kühlen: ca. 2 Std.

FÜR 1 TORTE (CA. 30 CM LÄNGE)

Für den Biskuit:
3 Eier
50 g Zucker
50 g Mehl
50 g gemahlene Haselnüsse, goldbraun geröstet
1 EL Kakaopulver

Für die Mousse:
200 g Vollmilchschokolade
4 Eier
1 Prise Salz
75 g Zucker
4 Blatt Gelatine
150 ml Sahne, steif geschlagen

AUSSERDEM:
1 Rehrückenform
Schokosplitter (s. links) und Kakaopulver zum Garnieren

RUM-FRÜCHTE-TORTE

⏲ Zubereitung: ca. 75 Min.

🔥 Marinieren: ca. 8 Std.

🍳 Backen: ca. 30 Min.

❄ Kühlen: ca. 30 Min.

FÜR 1 TORTE (Ø 21 CM)

2 Bio-Orangen

1 Mandarine

1 reife geschälte Birne oder

2 entsteinte Pflaumen

250 g gemischte Beeren

100 g Puderzucker

100 ml Rum

Für den Biskuit:

3 Eier

75 g Zucker

60 g Mehl

1 TL Backpulver

20 g Kakaopulver

Für die Creme:

100 g Zartbitterschokolade

2 Blatt Gelatine

2 Eier

80 g Zucker

250 g zimmerwarmer Mascarpone

1 EL Lebkuchengewürz

1. Die Schale einer Orange dünn herunterschälen und in feine Streifen schneiden. Die andere Orange sowie die Mandarine schälen und alle drei Früchte filetieren. Obst in Stücke schneiden, Beeren waschen. Alles in eine Schüssel geben. 100 ml Wasser mit Puderzucker und Orangenzesten aufkochen, dann den Rum unterrühren. Die heiße Mischung über Obst und Beeren gießen und diese darin über Nacht marinieren.

2. Den Ofen auf 180 °C vorheizen. Eier mit Zucker ca. 5 Minuten schaumig schlagen. Mehl mit Backpulver und Kakao mischen und nach und nach unter den Eischaum heben. Den Teig in eine Springform (Ø 21 cm) füllen und ca. 30 Minuten im Ofen backen. Den Biskuit anschließend vollständig auskühlen lassen, aus der Form lösen und einmal horizontal durchschneiden.

3. Inzwischen die Schokolade klein hacken und über einem leicht köchelnden Wasserbad schmelzen. Gelatine 3 Minuten in kaltem Wasser einweichen, die Eier trennen. Eigelbe mit der Hälfte des Zuckers und 2 EL Wasser in einer Schüssel über einem heißen Wasserbad zu einem warmen Schaum aufschlagen. Gelatine ausdrücken und im warmen Schaum auflösen, dann zügig die flüssige Schokolade und sofort Mascarpone und Lebkuchengewürz unterrühren. Eiweiße steif schlagen. Dabei langsam den restlichen Zucker einrieseln lassen. Eischnee behutsam unter die Schokoladencreme heben.

4. Die Biskuithälften gleichmäßig mit Marinade beträufeln und dick mit Creme bestreichen. Obst darauf verteilen, beide Hälften aufeinandersetzen und für 30 Minuten kalt stellen.

Pekannuss-Tarte

1. 150 g Mehl mit Kakao, Puderzucker, Frischkäse und 75 g Butter zu einem glatten, geschmeidigen Teig verkneten. Diesen in Frischhaltefolie wickeln und für 1 Stunde in den Kühlschrank legen.

2. Den Ofen auf 180 °C vorheizen. Eine Tarteform (Ø 24 cm) mit Butter auspinseln. Den Teig auf der mit Mehl bestäubten Arbeitsfläche ca. 3 mm dünn und ca. 3 cm breiter als die Form ausrollen. Den Teig in die Form legen und rundum an den Rand drücken. Überstehenden Teig abschneiden. Den Teig mit Backpapier belegen und mit getrockneten Hülsenfrüchten beschweren. Den Tarteboden auf der mittleren Schiene des Ofens ca. 15 Minuten blind vorbacken. Anschließend Hülsenfrüchte und Backpapier entfernen und den Boden etwas abkühlen lassen. Den Ofen angeschaltet lassen.

3. Für die Füllung 200 g Pekannüsse und die Schokolade grob hacken. Die restliche Butter mit 50 g Zucker schaumig schlagen. Nach und nach die Eier unterrühren, dann den übrigen Zucker, die Sahne und das restliche Mehl zufügen und untermischen. Zuletzt die gehackten Nüsse und die Schokolade unterheben.

4. Den Teig gleichmäßig auf dem Boden verteilen. Restliche Pekannusshälften darauflegen. Die Tarte zurück in den Ofen geben und darin weitere 50–60 Minuten backen. Nach der Hälfte der Backzeit die Form mit Alufolie abdecken. Die fertig gebackene Tarte anschließend abkühlen lassen und aus der Form nehmen.

🕐 Zubereitung: ca. 45 Min.
❄ Kühlen: ca. 1 Std.
🍳 Backen: ca. 70 Min.

FÜR 1 TARTE (Ø 24 CM) ODER 8-12 PORTIONEN

180 g Mehl
2 EL Kakaopulver
75 g Puderzucker
75 g Frischkäse
150 g weiche Butter
Ca. 350 g Pekannusskernhälften
100 g Zartbitterschokolade
150 g brauner Zucker
3 Eier
2–3 EL zimmerwarme Sahne

AUSSERDEM:
Zerlassene Butter für die Form
Mehl für die Arbeitsfläche
Getrocknete Hülsenfrüchte zum Blindbacken

Marmorkuchen

1. Eine längliche Kastenform (ca. 22 cm) ausbuttern und mit Backpapier belegen. Eier trennen. Butter mit dem Handrührgerät in ca. 5 Minuten schaurmig schlagen. Dabei nach und nach 125 g Zucker, Vanillezucker und Rum zufügen. Dann die Eigelbe einzeln unterrühren. Mehl mit Backpulver mischen und unterheben.

2. Den Ofen auf 180 °C vorheizen. Eiweiße mit dem Salz steif schlagen. Dabei den restlichen Zucker einrieseln lassen. Den Eischnee unter den Teig heben. ²/₃ des Teigs in die Kastenform füllen. Den restlichen Teig mit Kakao verrühren und darauf verteilen. Eine große Gabel spiralförmig durch die Teigschichten ziehen und diese so marmorieren. Den Kuchen ca. 1 Stunde im Ofen backen, anschließend abkühlen lassen und stürzen.

3. Die beiden Kuvertüresorten getrennt über dem heißen Wasserbad schmelzen. Den Marmorkuchen zunächst mit der dunklen Kuvertüre übergießen, dann die weiße Kuvertüre mit einem Löffel darauf verteilen.

🕐 Zubereitung: ca. 30 Min.
🖳 Backen: ca. 1 Std.

FÜR 1 KUCHEN (CA. 22 CM LÄNGE)

5 zimmerwarme Eier
250 g weiche Butter
225 g Zucker
1 EL Vanillezucker
2–3 EL Rum
200 g Mehl
2 TL Backpulver
1 Prise Salz
2–3 TL Kakaopulver
100 g Zartbitterkuvertüre
50 g weiße Kuvertüre

AUSSERDEM:
Butter für die Form

Biskuit-Creme-Torte

🕐 Zubereitung: ca. 1 Std.

🍴 Backen: ca. 40 Min.

❄ Kühlen: ca. 1 Std.

FÜR 1 TORTE (CA. 20 X 20 CM)

Für den Biskuit:
50 g Butter
50 g Zartbitterschokolade, gehackt
6 Eier
120 g Zucker
30 g Mehl
75 g gemahlene Biskuitbrösel

Für die Creme:
300 ml Milch
Ca. 3 TL lösliches Espressopulver
3 Eigelb
100 g Zucker
30 g Speisestärke
100 g Vollmilchschokolade, gehackt
150 g weiche Butter

AUSSERDEM:
Fett für die Form
250 g Schokoladenglasur
Geraspelte Vollmilchschokolade

1. Butter und Schokolade über einem heißen Wasserbad schmelzen. Eier trennen. Eigelbe mit 30 g Zucker in ca. 5 Minuten cremig-steif schlagen, dann die Schokoladenmischung unterrühren. Eiweiße mit dem restlichen Zucker steif schlagen. ⅓ unter den Teig rühren. Übrigen Eischnee, Mehl und Biskuitbrösel behutsam unterheben.

2. Ofen auf 180 °C vorheizen. Eine quadratische Backform (20 cm) oder Springform (Ø 24 cm) einfetten und mit Backpapier auslegen. Den Teig einfüllen und im Ofen ca. 40 Minuten backen. Anschließend abkühlen lassen, aus der Form nehmen und zweimal horizontal durchschneiden.

3. Inzwischen Milch mit Espressopulver aufkochen, Eigelbe mit Zucker und Stärke verrühren. Espressomilch zugießen, dabei weiterrühren. Die Mischung zurück in den Topf schütten und so lange auf dem heißen Herd rühren, bis sie eine puddingartige Konsistenz hat. Schokolade darin schmelzen. Die Creme in eine Schüssel umfüllen und zugedeckt im Kühlschrank abkühlen lassen.

4. Die Butter ca. 5 Minuten schaumig schlagen. Dann nach und nach die Schokoladencreme unterrühren. Die Creme gleichmäßig ca. 1 cm dick auf die beiden unteren Biskuitböden streichen. Torte zusammensetzen und für 1 Stunde kalt stellen.

5. Glasur in einem heißen Wasserbad schmelzen, gleichmäßig über die Torte gießen und fest werden lassen. Nach Belieben mit Schokoladenraspeln garnieren.

Schoko-Flammkuchen

MIT PFLAUMEN, PINIENKERNEN UND ROSMARIN

🕐 Zubereitung: ca. 45 Min.

🔥 Ruhen: ca. 30 Min.

🍳 Backen: 12–15 Min.

FÜR CA. 4 FLAMMKUCHEN

15 g Frischhefe

250 g Dinkelmehl

1 Prise Salz

2 EL Zucker

4–5 Rosmarinzweige

100 g Vollmilchschokolade

125 g Mascarpone

50 ml Sahne

2 EL Amaretto

8–10 Pflaumen

120 g Pinienkerne

Ca. 50 g brauner Zucker

AUSSERDEM:

Mehl für die Arbeitsfläche

1. Hefe zerbröseln und in 125 ml lauwarmem Wasser auflösen. Mehl, Salz und Zucker zufügen und alles zu einem glatten Teig verkneten. Diesen zugedeckt ca. 30 Minuten an einem warmen Ort gehen lassen.

2. Inzwischen Rosmarinnadeln von den Zweigen streifen und fein hacken. Schokolade ebenfalls hacken. Mascarpone mit Sahne und Amaretto in einem kleinen Topf erhitzen. Sobald die Masse flüssig geworden ist, den Topf vom Herd ziehen, gehackte Schokolade und die Hälfte des gehackten Rosmarins in die heiße Mischung rühren und darin schmelzen. Die Creme abkühlen lassen.

3. Pflaumen waschen, halbieren, von Kernen befreien und in dünne Spalten schneiden. Den Ofen auf 250 °C vorheizen. Den Teig in vier gleich große Portionen teilen. Jede Teigportion auf der mit Mehl bestäubten Arbeitsfläche sehr dünn ausrollen. Je 2 Teigfladen nebeneinander auf ein mit Backpapier belegtes Bachblech legen.

4. Teigböden gleichmäßig mit der Schokoladencreme bestreichen, Pflaumenspalten, Pinienkerne und restlichen Rosmarin darauf verteilen. Mit braunem Zucker bestreuen und in 12–15 Minuten im Ofen knusprig backen.

Schokoladen-Gugelhupf

🕐 Zubereitung: ca. 35 Min.

🖥 Backen: ca. 1 Std.

FÜR 1 GROSSEN GUGELHUPF

350 ml Milch

225 g Zucker

175 g brauner Zucker

Mark von 2 Vanilleschoten

350 g Butter

400 g Zartbitterschokolade

2 Eier

275 g Mehl

30 g Kakaopulver

1 TL Backpulver

90 g Honig

1 TL Pflanzenöl

(z. B. Sonnenblumenöl)

AUSSERDEM:

Ca. 20 g weiche Butter für
die Form

1. Den Ofen auf 160 °C vorheizen. Eine Gugelhupfform (ca. 2,5 l Inhalt) mit Butter einfetten. Milch mit den beiden Zuckersorten und dem Vanillemark verquirlen. 250 g Butter mit 200 g gehackter Schokolade in einem kleinen Topf bei schwacher Hitze schmelzen lassen. Die Mischung zusammen mit den Eiern und der Vanillemilch glatt rühren. Mehl, Kakao und Backpulver vermengen und unterheben.

2. Den Teig in die gebutterte Form geben und 1 Stunde im Ofen backen. Den Gugelhupf anschließend auf ein Gitter stürzen und vollständig abkühlen lassen.

3. Für die Glasur die restliche Schokolade klein hacken und mit der übrigen Butter und dem Honig in einen kleinen Topf geben. Die Mischung bei schwacher Hitze unter regelmäßigem Rühren schmelzen. Dann das Öl unterrühren. Die Glasur gleichmäßig über den abgekühlten Gugelhupf gießen und fest werden lassen.

Cremige Desserts

SOUFFLÉS, SORBETS & EISCREME

SCHOKOLADEN-EISCREME

🕐 Zubereitung: ca. 20 Min.

❄ Tiefkühlen: ca. 30 Min.

FÜR 4 PORTIONEN

250 ml Sahne
250 ml Milch
100 g Zucker
3 EL Rum
Mark von 1 Vanilleschote
150 g Zartbitterschokolade
4 Eigelb

1. Sahne mit Milch, Zucker, Rum und Vanillemark in einem Topf aufkochen.

2. Schokolade möglichst klein hacken. Die Hälfte davon nach und nach in die heiße Sahnemischung rühren und darin schmelzen. Die Flüssigkeit zu den Eigelben in eine Schüssel gießen und verrühren. Dann die Mischung zurück in den Topf geben und bei mittlerer Hitze so lange rühren, bis sie eine dickcremige Konsistenz hat.

3. Die Masse abkühlen lassen und anschließend die restliche gehackte Schokolade unterrühren. In einer Eismaschine cremig-fest gefrieren lassen.

TIPP: Zum Schokoladeneis Karamellbirne mit Salzstreuseln servieren (s. S. 158).

Schoko-Schmarrn

MIT CRANBERRYS UND ÄPFELN

1. Puderzucker mit 100 ml Wasser aufkochen, Rum und Cranberrys zufügen und die Früchte über Nacht ziehen lassen.

2. Die Schokolade fein raspeln. Äpfel waschen, von Kerngehäusen befreien und in ca. 1 cm große Würfel schneiden.

3. Den Ofen auf 200 °C vorheizen. Eier trennen. Eigelbe mit Mehl, Kakao und Milch glatt rühren. Eiweiße mit dem Salz steif schlagen. Dabei langsam den Zucker einrieseln lassen. Eischnee und geraspelte Schokolade behutsam unter den Teig heben.

4. 50 g Butter in einer ofenfesten Pfanne zerlassen. Apfelwürfel mit etwas Zucker darin in ca. 4 Minuten goldbraun braten. Äpfel aus der Pfanne nehmen und Butterschmalz darin erhitzen. Den Teig hineingießen, eingeweichte Cranberrys abtropfen lassen und gleichmäßig mit den Apfelwürfeln auf dem Teig verteilen. Die Pfanne in den Ofen schieben.

5. Sobald der Teig nach ca. 10 Minuten aufgegangen ist und eine dunkelbraune Farbe hat, die Pfanne aus dem Ofen nehmen, den Teig mit zwei Gabeln in Stücke reißen, mit Puderzucker bestäuben und der restlichen Butter vermengen. Den Schmarrn sofort servieren.

Zubereitung: ca. 40 Min.
Marinieren: ca. 8 Std.
Backen: ca. 10 Min.

FÜR 4 PORTIONEN

50 g Puderzucker
3–4 EL Rum
100 g getrocknete Cranberrys
50 g Zartbitterschokolade
3–4 kleine Äpfel
4 Eier
75 g Mehl
2 EL Kakaopulver
150 ml Milch
1 Prise Salz
50 g Zucker
100 g Butter
50 g Butterschmalz

AUSSERDEM:

Ca. 50 g Zucker für die Äpfel
Puderzucker zum Bestäuben

ROTWEIN-GRANITÉ
MIT SCHOKOLADENSCHAUM

🕐 Zubereitung: ca. 25 Min.
🔥 Ruhen: ca. 30 Min.
❄️ Tiefkühlen: ca. 4 Std.

FÜR 4-6 PORTIONEN

500 ml Rotwein
Mark von 1 Vanilleschote
2–3 Nelken
2 Zimtstangen, zerbrochen
2–3 Sternanis
3–4 Kardamomkapseln
100 g Zucker
1 Bio-Orange, in Scheiben
geschnitten
1 Bio-Zitrone, in Scheiben
geschnitten
100 g Cassismark (erhältlich
z.B. bei Bos Food)
150 ml Sahne
200 g Zartbitterschokolade
150 g Eiweiß

AUSSERDEM:
1 Sahnesiphon

1. Die Hälfte des Rotweins mit Gewürzen, Zucker sowie Orangen- und Zitronenscheiben aufkochen, dann ca. 30 Minuten ziehen lassen. Den Sud durch ein feines Sieb gießen, Cassismark und den restlichen Rotwein unterrühren. Flüssigkeit auf ein flaches Blech gießen und in den Gefrierschrank schieben. Rotweinmischung in ca. 4 Stunden gefrieren lassen.

2. Sahne aufkochen, dann den Topf vom Herd ziehen. Die Schokolade hacken, nach und nach unter die heiße Sahne rühren und darin schmelzen. Eiweiß zufügen, alles gründlich miteinander verrühren und in einen Sahnesiphon umfüllen. Diesen verschließen, zwei Gaspatronen nacheinander einschrauben und den Siphon gut schütteln. Für 10 Minuten in ein heißes Wasserbad stellen.

3. Rotwein-Granité mit einer Gabel vom Blechboden kratzen, etwas auflockern, dann auf vorgekühlte Gläser verteilen. Den warmen Schaum daraufspritzen und sofort servieren.

Mango-Zitronengras-Törtchen

1. Sechs Ringe (Höhe und Ø ca. 6 cm) auf ein mit Backpapier belegtes Blech stellen. Kuvertüre klein hacken und in einer Schüssel über einem heißen Wasserbad schmelzen. 50 g flüssige Kuvertüre mit den Rice Krispies mischen, in den Ringen verteilen und flach drücken. Für 10 Minuten kalt stellen. Anschließend die Böden mit einem kleinen Messer vom Ring lösen, den Ring aber nicht entfernen.

2. Zitronengras andrücken, dann in Stücke schneiden und mit der Kokosmilch aufkochen. Vom Herd nehmen und 15 Minuten ziehen lassen. Inzwischen die Sahne steif schlagen und die Eier trennen. Eiweiße mit dem Salz zu Schnee schlagen. Gelatine ca. 3 Minuten in kaltem Wasser einweichen. Kokosmilch durch ein Sieb zu den Eigelben gießen und über einem heißen Wasserbad dickcremig aufschlagen. Gelatine ausdrücken und darin auflösen. Die restliche Kuvertüre unterrühren, dann zunächst die Sahne, danach sofort den Eischnee unterheben. Die Mousse in einen Spritzbeutel umfüllen und auf den fest gewordenen Böden verteilen. Törtchen für 2 Stunden kalt stellen.

3. Inzwischen die Mangos schälen und das Fruchtfleisch am Stein entlang herunterschneiden. ²⁄₃ des Fruchtfleisches klein würfeln, den Rest in einem Mixer fein pürieren. ²⁄₃ vom Püree mit den Mangowürfeln mischen.

4. Das Mango-Ragout auf den Törtchen verteilen, je einen gefüllten Ring auf jeden Teller setzen. Die Ringe vorsichtig abziehen, die Törtchen mit gehackten Erdnüssen bestreuen und mit dem restlichen Mangopüree servieren.

🕐 Zubereitung: ca. 45 Min.
❄ Kühlen: ca. 2 Std.

FÜR CA. 6 PORTIONEN

250 g weiße Kuvertüre
50 g Rice Krispies
3–4 Stangen Zitronengras
150 ml ungesüßte Kokosmilch
100 ml Sahne
3 Eier
1 Prise Salz
3 Blatt Gelatine
2 reife Mangos

AUSSERDEM:
Geröstete Erdnüsse zum Bestreuen

MOKKA-CRÈME-BRÛLÉE

1. Schokolade klein hacken. Espressopulver mit Milch, Sahne und Zucker aufkochen. Den Topf vom Herd nehmen und die Eigelbe nach und nach unterrühren. Den Topf wieder auf den Herd stellen und bei mittlerer Hitze so lange rühren, bis die Flüssigkeit bindet und eine dickcremige Konsistenz hat. Gehackte Schokolade unterrühren und in der Creme schmelzen. Dann alles durch ein feines Sieb in eine Schüssel gießen.

2. Den Ofen auf 120 °C vorheizen. Vier ofenfeste flache Porzellanschalen oder Kaffeetassen in ein tiefes Backblech stellen und so viel heißes Wasser hineingießen, dass die Förmchen zu ca. ²/₃ davon bedeckt sind. Die Creme auf die Förmchen verteilen auf der untersten Einschubleiste des Ofens in ca. 1 Stunde garen. Anschließend vollständig im Kühlschrank erkalten lassen.

3. Die erkaltete Creme gleichmäßig mit braunem Zucker bestreuen und mit einem Bunsenbrenner goldbraun und knusprig karamellisieren. Gleich servieren.

TIPP: Wer es etwas prunkvoller mag, kann dieses Dessert mit essbarem Blattgold verzieren.

🕐 Zubereitung: ca. 30 Min.
🔥 Garen: ca. 1 Std.
❄ Kühlen: ca. 4 Std.

FÜR 4–6 PORTIONEN (JE NACH GRÖSSE DER SCHÄLCHEN ODER TASSEN)

100 g Vollmilchschokolade
2–3 TL lösliches Espressopulver
150 ml Milch
350 ml Sahne
75 g Zucker
6 Eigelb
Ca. 80 g brauner Zucker

AUSSERDEM:
1 Bunsenbrenner

Schokosahne

MIT BANANEN UND ERDNUSSSTREUSELN

1. Ofen auf 200 °C vorheizen. Erdnussbutter mit Butter, Mehl und Zucker zu Streuseln verkneten und auf ein mit Backpapier belegtes Blech streuen. Die Streusel in 6–8 Minuten im Ofen goldbraun backen.

2. Bananensaft mit Puderzucker und Curry um etwa ⅓ einkochen lassen. Dann die Stärke mit etwas Wasser verrühren und die Flüssigkeit damit binden. Die Sauce anschließend abkühlen lassen. Bananen schälen, der Länge nach halbieren, die Hälften in Scheiben schneiden und mit der Currysauce mischen. Curry-Bananen in einzelne Gläser oder eine große Schüssel füllen.

3. Rum mit 2–3 EL Sahne, Kakao, Vanillemark und Puderzucker glatt rühren. Restliche Sahne steif schlagen. Nach und nach die Rummischung unter die geschlagene Sahne rühren.

4. Schoko-Rum-Sahne auf den Bananen verteilen und die Erdnussstreusel darüberstreuen. Mit etwas Kakao bestäubt servieren.

🕐 Zubereitung: ca. 40 Min.
📅 Backen: 6–8 Min.

FÜR 4 PORTIONEN

Für die Streusel:
25 g Erdnussbutter
25 g Butter
100 g Mehl
3 EL brauner Zucker

Für die Bananen:
250 ml Bananensaft
2 EL Puderzucker
1 EL Madras-Currypulver
Ca. 2 TL Speisestärke
2 reife Bananen

Für die Sahne:
4 EL Rum
300 ml Sahne
30 g Kakaopulver
Mark von 1 Vanilleschote
75 g Puderzucker

AUSSERDEM:
Kakaopulver zum Bestäuben

Schokoladen-Tiramisu im Glas

🕐 Zubereitung: ca. 45 Min.

📅 Backen: 12–14 Min.

❄ Kühlen: ca. 30 Min.

FÜR CA. 12 KLEINE PORTIONEN

Für den Biskuit:

3 Eier

50 g Puderzucker

75 g Mehl

1 EL Kakaopulver

Für die Creme:

100 g Zartbitterschokolade

3 Eier

100 g Zucker

Mark von 1 Vanilleschote

500 g Mascarpone

1 Prise Salz

AUSSERDEM:

150 ml kalter Espresso

75 ml Amaretto

Ca. 2 EL Kakaopulver zum Bestäuben

1. Ofen auf 180 °C vorheizen. Für den Biskuit Eier und Puderzucker in ca. 5 Minuten schaumig schlagen. Mehl mit Kakao mischen, nach und nach über den Eischaum sieben und unterheben. Den Teig ca. 1 cm dick auf ein mit Backpapier belegtes Backblech streichen und 12–14 Minuten im Ofen backen. Anschließend abkühlen lassen und daraus ca. 24 Kreise in der Größe der Gläser ausstechen.

2. Schokolade klein hacken und über einem heißen Wasserbad schmelzen. Eier trennen. Eigelbe mit 50 g Zucker und Vanillemark verrühren, anschließend über einem heißen Wasserbad in ca. 5 Minuten zu dick-cremiger Konsistenz aufschlagen. Schüssel vom Wasserbad nehmen, dann zunächst die flüssige Schokolade, danach den Mascarpone unterrühren.

3. Eiweiße mit dem Salz steif schlagen, dabei den restlichen Zucker einrieseln lassen. Den Eischnee unter die Mascarponecreme heben und in einen Spritzbeutel mit Lochtülle umfüllen.

4. Espresso und Amaretto mischen. ⅓ der Creme in kleine Portionsgläser spritzen. Die Hälfte der Biskuits darauf verteilen und mit je 1 EL der Espressomischung beträufeln. Eine weitere Creme-Biskuit-Espresso-Schicht in die Gläser füllen und mit der übrigen Creme abschließen. Tiramisu ca. 30 Minuten kalt stellen. Vor dem Servieren mit Kakao bestäuben.

Tipp: Selbstverständlich kann man dieses Tiramisu auch in einer großen rechteckigen Porzellanform einschichten.

Schokoladen-Buchteln

🕐 Zubereitung: ca. 1 Std.

🔥 Ruhen: ca. 2 Std.

🔲 Backen: ca. 40 Min.

FÜR 6-8 PORTIONEN

Für das Kompott:

3 mittelgroße Birnen
200 ml Rotwein
200 ml schwarzer
Johannisbeersaft
100 g Zucker
1 Vanilleschote, aufgeschlitzt
½ TL Zimt
1–2 EL Speisestärke
300 g gemischte Waldbeeren
(z. B. Heidelbeeren, Brombeeren,
Johannisbeeren und Himbeeren)

Für die Füllung:

150 g weicher Nuss-Nougat
1 EL Kakaopulver
30 g Butter

1. Birnen schälen, halbieren und von Kernen befreien. Die Birnenhälften würfeln. Rotwein mit Johannisbeersaft, Zucker, Vanille und Zimt aufkochen und um etwa ⅓ einkochen lassen. Die Stärke mit 1–2 EL kaltem Wasser verrühren und die Rotweinmischung damit binden. Birnenwürfel und Waldbeeren untermischen, das Kompott in einer rechteckigen Auflaufform (ca. 20 x 35 cm) verteilen und abkühlen lassen.

2. Nougat mit Kakao und Butter verkneten. Die Mischung für 30 Minuten kalt stellen und anschließend zu 24 ca. 1,5 cm großen Kugeln formen.

3. Inzwischen die lauwarme Milch mit 50 g Mehl, der Hälfte des Zuckers und der zerbröselten Hefe verrühren und an einem warmen Ort abgedeckt 15 Minuten gehen lassen. Restliches Mehl mit Kakao, Eigelben, Eiern, übrigem Zucker, Salz und Butter zum Vorteig geben und alles zu einem glatten Teig verkneten. Den Teig an einem warmen Ort abgedeckt ca. 45 Minuten gehen lassen.

4. Den Teig in 24 gleich große Portionen teilen und diese auf der leicht mit Mehl bestäubten Arbeitsfläche zu kleinen gleichmäßigen Kugeln formen. Dann jede Kugel mit etwas Nougatmischung füllen. Dabei die Füllung gut mit dem Teig ummanteln. Die Buchteln mit der Naht nach unten nebeneinander auf das Kompott setzen. Die Form mit einem Tuch abdecken und die Buchteln erneut ca. 30 Minuten gehen lassen.

5. Den Ofen auf 180 °C vorheizen, die Buchteln mit flüssiger Butter bestreichen und 35–40 Minuten backen. Anschließend mit Puderzucker bestäubt servieren.

Für die Buchteln:

200 ml lauwarme Milch
650 g Mehl
100 g Zucker
40 g Hefe
2 EL Kakaopulver
4 Eigelb
4 Eier
1 Prise Salz
150 g weiche Butter

AUSSERDEM:

Mehl für die Arbeitsfläche
Ca. 30 g flüssige Butter zum Bestreichen
Puderzucker zum Bestäuben

SCHOKO-BEEREN-TÖRTCHEN

🕐 Zubereitung: ca. 45 Min.
❄ Kühlen: ca. 1 Std.
🍞 Backen: 12–14 Min.

FÜR CA. 12 KLEINE TÖRTCHEN

150 g Mehl
2–3 TL Kakaopulver
50 g Puderzucker
75 g Frischkäse
75 g weiche Butter
500 g gemischte Beeren
2–3 EL Orangenlikör
1 EL Vanillezucker
2 Eier
50 g Zartbitterschokolade
125 ml Milch
20 g Schokopuddingpulver
125 ml Sahne
1 Prise Salz
50 g Zucker
1 Schoko-Biskuitboden
(Rezept s. S. 76)

AUSSERDEM:
Mehl für die Arbeitsfläche und
zum Bestäuben
Butter für die Form
Puderzucker zum Bestäuben

1. Mehl, Kakao, Puderzucker, Frischkäse und Butter zu einem glatten, geschmeidigen Teig verkneten und in Frischhaltefolie gewickelt für 1 Stunde in den Kühlschrank legen.

2. Inzwischen die Beeren putzen und waschen. Erdbeeren je nach Größe halbieren oder vierteln. Beerenmischung mit Orangenlikör und Vanillezucker marinieren.

3. Den Ofen auf 200 °C vorheizen. Teig auf der mit Mehl bestäubten Arbeitsfläche ca. 3 mm dünn ausrollen und daraus Kreise (Ø ca. 10 cm) ausstechen. Teigkreise in gebutterte und mit Mehl bestäubte Tartelette-förmchen legen (alternativ eine Muffinform verwenden). Die Böden 12–14 Minuten im Ofen backen. Anschließend auskühlen lassen.

4. Eier trennen, Schokolade klein hacken. Eigelbe mit Milch und Pudding-pulver verrühren. Sahne aufkochen, angerührte Milchmischung zu-gießen und unter ständigem Rühren ca. 30 Sekunden kochen lassen. Die Creme in eine Schüssel umfüllen, klein gehackte Schokolade unterrühren und im heißen Pudding schmelzen.

5. Eiweiße mit Salz zu steifem Schnee schlagen. Dabei den Zucker ein-rieseln lassen. Eischnee unter die Schokoladencreme heben.

6. Backofengrill vorheizen. Biskuit in kleine Würfel schneiden und auf den Böden verteilen. Marinierte Beeren daraufgeben und mit je einem groß-zügigen Löffel Schokoladencreme bedecken. Die Törtchen unter dem heißen Backofengrill ca. 1 Minute überbacken. Nach Belieben mit Puder-zucker bestäuben und am besten noch lauwarm servieren.

Lebkuchen-Soufflé

1. Den Ofen auf 200 °C vorheizen. Souffléförmchen mit flüssiger Butter sorgfältig auspinseln und mit Zucker ausstreuen. Förmchen kühl stellen. Schokolade klein hacken.

2. Milch mit Lebkuchengewürz erhitzen. Die Butter in einem anderen Topf zerlassen, das Mehl zugeben und mit der flüssigen Butter glatt rühren. Heiße Lebkuchenmilch nach und nach zur Mehlschwitze gießen, dabei zügig weiterrühren. Den entstandenen Brei in eine Schüssel umfüllen, Rum und klein gehackte Schokolade zufügen und alles gründlich verrühren, bis die Schokolade in der heißen Masse geschmolzen ist.

3. Eier trennen. Eigelbe zur abgekühlten Schokoladenmasse geben und glatt rühren (es sollten möglichst keine Klümpchen vorhanden sein!). Eiweiße mit dem Salz steif schlagen. Dabei nach und nach den Zucker einrieseln lassen. Eischnee behutsam in 2–3 Schritten unter die Schokoladenmasse heben und diese dann bis knapp unter den Rand in die Förmchen füllen.

4. Die Soufflés auf einem Gitter in der untersten Einschubleiste des Ofens ca. 20 Minuten backen. Anschließend aus dem Ofen nehmen und mit etwas Puderzucker bestäubt sofort servieren.

🕐 Zubereitung: ca. 35 Min.
📅 Backen: ca. 20 Min.

FÜR 4-6 PORTIONEN
(JE NACH GRÖSSE DER FÖRMCHEN)

100 g Zartbitterschokolade
200 ml Milch
2 TL Lebkuchengewürz
50 g Butter
50 g Mehl
2 EL Rum
4 Eier
1 Prise Salz
75 g Zucker

AUSSERDEM:
Flüssige Butter und Zucker für die Förmchen
Puderzucker zum Bestäuben

Geeiste Mascarpone-Mousse

MIT SCHOKOLADENGLASUR

🕐 Zubereitung: ca. 35 Min.
❄ Tiefkühlen: ca. 2½ Std.

FÜR CA. 8 PORTIONEN

4 Eier
2 Vanilleschoten
150 g Zucker
3–4 EL Amaretto
500 g Mascarpone
1 Prise Salz

AUSSERDEM:
8 fertige Waffelbecher
Ca. 300 g Zartbitter-Schokoladen-Glasur

1. Die Eier trennen. Die Vanilleschoten aufschlitzen und das Mark herauskratzen. Die Eigelbe mit 75 g Zucker und dem Amaretto in einer Schüssel verrühren. Die Mischung über einem heißen Wasserbad in ca. 5 Minuten zu dickcremiger Konsistenz aufschlagen. Die Schüssel vom Wasserbad nehmen und dann den Mascarpone und das Vanillemark unterrühren.

2. Die Eiweiße mit dem Salz zu sehr steifem Schnee schlagen. Dabei den restlichen Zucker nach und nach einrieseln lassen. Den Eischnee behutsam unter die Creme heben. Die Mascarpone-Mousse in einen Spritzbeutel mit großer Sterntülle umfüllen und in die Waffelbecher spritzen. Die gefüllten Waffelbecher auf einem Tablett für ca. 2 Stunden in das Gefrierfach stellen.

3. Währenddessen die Schokoladenglasur in einem heißen Wasserbad schmelzen lassen und anschließend in einen schmalen, hohen Becher umfüllen.

4. Die geeiste Mascarpone-Mousse kopfüber bis zum Waffelrand in die flüssige Schokoladenglasur tauchen. Dann herausheben und etwas abtropfen lassen. Die Waffelbecher anschließend erneut in das Gefrierfach stellen und die Glasur fest werden lassen.

 **Tipp:** Anstelle der Zartbitter-Schokoladen-Glasur kann man natürlich auch Vollmilch verwenden. Und wer mag, kann die gerade in die Glasur getauchten Eishüte noch mit Kokoksraspeln bestreuen.

SACHER IM GLAS

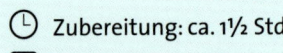 Zubereitung: ca. 1½ Std.

🗔 Backen: 25–30 Min.

FÜR 4-6 PORTIONEN

Für den Kuchen:

100 g Zartbitterschokolade

75 g Butter

3 Eier

1 Prise Salz

50 g Zucker

2 EL Mehl, mit 1 TL Backpulver
gemischt

Für die Aprikosen:

250 g frische Aprikosen

100 g Gelierzucker (1:2)

Saft von 1 Zitrone

Für die Creme:

150 ml Sahne

30 g Butter

150 g Zartbitterschokolade

75 g Zucker

AUSSERDEM:

75 ml Marillengeist, mit
3 EL Puderzucker gemischt

200 ml Sahne

Schokoraspel zum Garnieren

1. Ofen auf 160 °C vorheizen. Die Schokolade hacken und mit der Butter in einer Schüssel über einem heißen Wasserbad schmelzen. Eier mit Salz und Zucker in ca. 5 Minuten schaumig-steif schlagen. Dann zunächst die Mehlmischung unterheben, danach die geschmolzene Schokoladenmasse. Den Teig in eine tiefe, mit Backpapier ausgelegte Backform (ca. 15 x 20 cm) geben, glatt streichen und 25–30 Minuten im Ofen backen. Anschließend auf ein Kuchengitter stürzen und abkühlen lassen.

2. Inzwischen die Aprikosen waschen, halbieren und vom Kern befreien. Aprikosenhälften in kleine Würfel schneiden, mit Gelierzucker und Zitronensaft in einen Topf geben und ca. 5 Minuten sprudelnd kochen, dabei öfter umrühren. Aprikosenragout abkühlen lassen.

3. Für die Creme zunächst die Sahne aufkochen, dann Butter und Schokolade stückchenweise zufügen und darin schmelzen. Die Mischung etwas abkühlen lassen. In einem anderen Topf 50 ml Wasser mit dem Zucker aufkochen, den Topf vom Herd ziehen und die Schokoladenmischung unterrühren. Die Creme zu dickflüssiger Konsistenz abkühlen lassen.

4. Aus dem abgekühlten Schokokuchen Kreise in der Größe der Gläser ausstechen. Diese mit dem gesüßten Marillengeist beträufeln, dann je zwei Teigkreise pro Portion abwechselnd mit dem Aprikosenragout in die Gläser füllen. Sahne zu halbsteifer, cremiger Konsistenz aufschlagen und darüberschichten. Darauf bis zum Rand die Schokoladencreme füllen und diese nach Belieben mit Schokoraspeln garnieren.

SCHOKO-MILCHREIS
MIT KIRSCHSORBET

1. Kirschen gut abtropfen lassen und dabei den Saft auffangen. Die Früchte für 4 Stunden in das Gefrierfach stellen. Die Chili putzen, von Samen befreien, hacken und mit 150 ml Kirschsaft und dem Zucker kurz aufkochen. Den Topf vom Herd ziehen und die Mischung 5 Minuten ziehen lassen. Die Flüssigkeit durch ein Sieb in einen hohen Becher gießen, die gefrorenen Kirschen zufügen und alles mit einem Mixstab fein pürieren. Das Sorbet im Gefrierfach in ca. 1 Stunde durchziehen lassen.

2. Milch mit Vanille, Lebkuchengewürz, Orangenabrieb und Zucker aufkochen. Den Reis zufügen, untermischen und bei mittlerer Hitze offen in ca. 20 Minuten weich garen. Dabei regelmäßig umrühren.

3. Kuvertüre klein hacken und im warmen Milchreis schmelzen. Butter und Sahne untermischen. Den Milchreis auf tiefe Teller verteilen, je eine Nocke Sorbet daraufsetzen und mit geraspelter Schokolade bestreut sofort servieren.

🕐 Zubereitung: ca. 1 Std.
❄ Tiefkühlen: ca. 5 Std.

FÜR 4 PORTIONEN

Für das Sorbet:
400 g entsteinte Sauerkirschen (Glas)
1 kleine Chilischote
100 g Vollrohrzucker

Für den Milchreis:
750 ml Milch
Mark von 1 Vanilleschote
2 TL Lebkuchengewürz
1 EL Abrieb von 1 Bio-Orange
75 g Vollrohrzucker
150 g Milchreis
100 g Vollmilchkuvertüre
25 g Butter
1–2 EL geschlagene Sahne

AUSSERDEM:
3–4 EL Schokoladenraspel zum Bestreuen

Orangensuppe

MIT NOUGAT-TORTELLINI

1. Eier mit Puderzucker, Kakao und Mehl zu einem glatten Nudelteig verkneten. Diesen in Frischhaltefolie wickeln und für 1 Stunde kalt stellen.

2. Währenddessen die Passionsfrüchte halbieren und das Fruchtmark samt Kernen herauskratzen. Zucker in einem kleinen Topf karamellisieren, mit Orangen- und Passionsfruchtsaft ablöschen und Gewürze und Passionsfruchtmark zufügen. Das Ganze um etwa ⅓ einkochen. Gewürze entfernen und die Suppe etwas abkühlen lassen.

3. Orangen schälen und in 1 cm dicke Scheiben schneiden. Die Orangenscheiben nochmals halbieren oder vierteln.

4. Nougat ca. 1 cm groß würfeln und daraus kleine Kugeln formen. Den Nudelteig auf der mit Mehl bestäubten Arbeitsfläche dünn ausrollen. Den Teig in ca. 8 cm große Quadrate schneiden. Diese dünn mit verquirltem Eigelb bepinseln. Je eine Nougatkugel auf die Quadrate legen und diese zu Dreiecken zusammenklappen. Die Ränder gut festdrücken und die Dreiecke zu Tortellini formen.

5. Nougat-Tortellini in reichlich kochendem Wasser in ca. 2 Minuten garen. Die Fruchtsuppe mit den Orangenstücken auf tiefe Teller verteilen und die Tortellini hineingeben.

🕐 Zubereitung: ca. 45 Min.
❄ Kühlen: ca. 1 Std.

FÜR 4 PORTIONEN

2 Eier
30 g Puderzucker
30 g Kakaopulver
150 g Mehl
2 Passionsfrüchte
75 g Zucker
300 ml Orangensaft
300 ml Passionsfruchtsaft
4–5 Kardamomkapseln, angedrückt
2–3 Sternanis
2 Orangen
200 g Nuss-Nougat

AUSSERDEM:
Mehl für die Arbeitsfläche
1 Eigelb, verquirlt

Schokoladeneis

MIT KARAMELLBIRNE UND SALZSTREUSELN

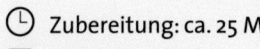 Zubereitung: ca. 25 Min.

Backen: ca. 8 Min.

FÜR 4 PORTIONEN

100 g Mehl
1 EL Zucker
1–2 TL Fleur de Sel nach Belieben
100 g Butter
2 reife Birnen
100 g brauner Zucker
100 ml Sahne
4 Kugeln Schokoladeneiscreme
(Rezept s. S. 126)

AUSSERDEM:
Etwas Zitronensaft zum
Beträufeln

1. Für die Salzstreusel den Ofen auf 200 °C vorheizen. Mehl mit Zucker, Fleur de Sel und 50 g Butter zu Streuseln verkneten. Diese auf einem Backblech mit Backpapier verteilen und in ca. 8 Minuten im Ofen goldbraun backen.

2. Birnen waschen und halbieren, Kerne mit einem kleinen spitzen Messer herauslösen. Die Schnittflächen mit etwas Zitronensaft beträufeln.

3. Den braunen Zucker mit der restlichen Butter und der Sahne in einer Pfanne aufkochen. Birnenhälften mit der Schnittfläche nach unten in die Sauce geben. Ca. 6 Minuten bei mittlerer Hitze karamellisieren, bis sie goldbraun sind. Die Früchte wenden und in weiteren 2 Minuten garen.

4. Karamellbirnen mit etwas Sauce und Salzstreuseln auf Teller verteilen. Je 1 Kugel Schokoladeneiscreme auf jede Birnenhälfte setzen, die restliche Karamellsauce darübergießen.

CHILI-KIRSCH-CRUMBLE

🕐 Zubereitung: ca. 30 Min.

⬛ Backen: ca. 12 Min.

FÜR 4 PORTIONEN

1 kleine rote Chilischote
125 ml Kirschsaft
Saft von ½ Zitrone
50 g Zucker
½ TL Zimt
2 TL Speisestärke
250 g TK-Kirschen, aufgetaut

Für die Streusel:
100 g Mehl
1 EL Kakaopulver
1 EL Vanillezucker
50 g Zucker
50 g kalte Butter

AUSSERDEM:
Puderzucker zum Bestäuben

1. Die Chili der Länge nach halbieren, von Samen befreien und mit Kirsch- und Zitronensaft sowie Zucker, Zimt und Stärke in einen kleinen Topf geben. Die Mischung unter ständigem Rühren aufkochen.

2. Die Kirschen mit dem gebundenen Saft mischen und etwas abkühlen lassen. Die Chilischote anschließend entfernen.

3. Den Ofen auf 200 °C vorheizen. Für die Streusel Mehl mit Kakao, Vanillezucker, Zucker und Butter krümelig kneten. Das Kirschragout in ofenfeste Gläser oder Portionsförmchen füllen. Die Streusel dicht nebeneinander darauf verteilen und im Ofen in ca. 12 Minuten knusprig backen. Chili-Kirsch-Crumble am besten noch warm mit etwas Puderzucker bestäubt servieren.

Karamellisierte Orangencreme

1. Orangen halbieren und den Saft auspressen. (Für die Creme werden 300 ml Saft benötigt. Sollte man aus den Orangen weniger Saft erhalten, so kann man die fehlende Menge mit gekauftem Orangensaft auffüllen.)

2. Die Orangenhälften sauber mit einem kleinen Löffel auskratzen. Dabei das Weiße der Schale mit entfernen. Kuvertüre klein hacken. Ca. 100 ml Orangensaft abmessen und mit dem Vanillepuddingpulver glatt rühren. Restlichen Saft mit den Gewürzen aufkochen, dann ca. 15 Minuten am Herdrand ziehen lassen. Gewürze entfernen, angerührtes Puddingpulver in den Orangen-Gewürz-Sud gießen und aufkochen. Dabei ständig weiterrühren. Den nun dick gewordenen Saft in eine Schüssel umfüllen, die gehackte Kuvertüre untermischen und in der warmen Creme schmelzen. Dann die Crème fraîche unterrühren.

3. Die Orangencreme bis zum Rand in die ausgehöhlten Orangenhälften füllen und für 2 Stunden in den Kühlschrank stellen. Dann den braunen Zucker gleichmäßig über die Creme streuen und mit einem Bunsenbrenner goldbraun karamellisieren.

🕐 Zubereitung: ca. 35 Min.
❄ Kühlen: ca. 2 Std.

FÜR 4 PORTIONEN

2 große Orangen
100 g weiße Kuvertüre
20 g Vanillepuddingpulver
2 Zimtstangen
4 angedrückte Kardamomkapseln
2 Sternanis
½ kleine Chilischote
75 g Crème fraîche
Ca. 4 EL brauner Zucker

AUSSERDEM:
1 Bunsenbrenner

Würzig-heiße Trink-schokolade

🕐 Zubereitung: ca. 10 Min.
♨ Ziehen: ca. 15 Min.

FÜR 4 PORTIONEN

1 Chilischote
500 ml Milch
Saft und Abrieb von 1 Bio-Orange
125 g Zucker
3–4 EL Rum nach Belieben
Mark von 1 Vanilleschote
2 Zimtstangen, zerbröselt
4 Kardamomkapseln, angedrückt
3 Sternanis
150 g Zartbitterschokolade
150 ml Sahne

AUSSERDEM:
1–2 EL Kakaopulver zum
Bestäuben

1. Die Chilischote aufschlitzen und von Samen befreien. Die Milch mit der Chili, dem Orangensaft und -abrieb, Zucker, Rum und den Gewürzen in einem kleinen Topf aufkochen. Die Flüssigkeit ca. 15 Minuten bei schwacher Hitze ziehen lassen.

2. Die Milch durch ein feines Sieb gießen und zurück auf den Herd stellen, Chili und Gewürze entsorgen. Die Schokolade möglichst klein hacken. Nach und nach zur heißen Milch geben und darin schmelzen.

3. Die Sahne zu halbsteifer Konsistenz schlagen. Heiße Trink-Schokolade in Becher oder Tassen gießen, jeweils einen Klecks Sahne daraufgeben und mit Kakao bestäubt sofort servieren.

Bananen-Schoko-Smoothie MIT KOKOSSCHAUM

1. Die Schokolade klein hacken. Kokosmilch mit Vanillemark und Zucker in einem Topf erhitzen. ⅓ der Mischung für den Schaum beiseitestellen. Den Topf vom Herd nehmen, die gehackte Schokolade unter die Kokosmilch rühren und darin schmelzen. Die Schokoladenmilch dann für ca. 1 Stunde in das Gefrierfach stellen. Währenddessen gelegentlich umrühren.

2. Die Bananen schälen, in Stücke schneiden und zur eiskalten Schokoladenmilch geben. Die Mischung mit einem Pürierstab fein mixen. Dann den Smoothie auf gekühlte Gläser verteilen.

3. Die beiseitegestellte Kokosmilch in einem hohen Topf erneut erhitzen und mit einem Pürierstab schaumig aufmixen. Dabei den Topf etwas schräg halten. Den Kokosschaum mit einem Löffel abschöpfen und auf den Smoothies in den Gläsern verteilen. Nach Belieben mit Curry bestäuben.

🕐 Zubereitung: ca. 20 Min.
❄ Tiefkühlen: ca. 1 Std.

FÜR 4 PORTIONEN

150 g Zartbitterschokolade
750 ml Kokosmilch, ungesüßt
Mark von 1 Vanilleschote
100 g Zucker
2 reife Bananen

AUSSERDEM:
1–2 TL Currypulver zum Bestäuben

Schoko-Puffer
MIT SÜSSEN BEEREN

🕐 Zubereitung: ca. 20 Min.
❄ Kühlen: ca. 1 Std.

FÜR 4 PORTIONEN

Für das Beerenkompott:
75 g Zucker
200 ml Kirschsaft (oder Rotwein)
Saft von ½ Zitrone
Mark von 1 Vanilleschote
1 Zimtstange
2 Sternanis
1 TL Speisestärke
300 g gemischte Beeren
(z. B. Brombeeren, Himbeeren,
Johannisbeeren, Erdbeeren,
Heidelbeeren)

Für die Puffer:
150 g Milchreis
600 ml Milch
3 EL Kakaopulver
75 g Zucker
2 Eier
1 TL Backpulver
100 g Mehl
1 Prise Salz
Ca. 50 g Butterschmalz

1. Den Zucker in einem Topf goldbraun karamellisieren, mit Kirsch- und Zitronensaft ablöschen und die Gewürze zugeben. Den Sud bei geringer Hitze 5–8 Minuten köcheln. Speisestärke mit etwas kaltem Wasser anrühren und den Sud damit binden. Die Flüssigkeit durch ein Sieb über die Beeren gießen und abkühlen lassen.

2. Reis mit Milch, Kakao und 3 EL Zucker in einen Topf geben und bei mittlerer Hitze unter häufigem Rühren offen in ca. 20 Minuten garen. Anschließend abkühlen lassen.

3. Die Eier trennen. Eigelbe mit Backpulver und Mehl unter den abgekühlten Milchreis rühren. Eiweiße mit Salz zu steifem Schnee schlagen. Dabei langsam den restlichen Zucker einrieseln lassen. Den Eischnee behutsam unterheben.

4. Die Milchreismischung portionsweise in einer beschichteten Pfanne in heißem Butterschmalz in 2–3 Minuten pro Seite zu Puffern ausbacken. Die Puffer auf Teller verteilen und mit dem Beerenkompott servieren.

Geeistes Schokoladen-Soufflé

1. Souffléförmchen (alternativ Kaffee- oder Teetassen) so mit Backpapierstreifen umwickeln, dass sie den Rand um ca. 3 cm überragen. Das Papier dabei mit Klebestreifen an den Förmchen befestigen. Sahne steif schlagen.

2. Eier, Eigelbe, Kakao und Puderzucker in eine Schüssel füllen und mit dem Handrührgerät in ca. 5 Minuten schaumig-steif schlagen. Den Orangenlikör mit der geschlagenen Sahne behutsam unterheben. Die Masse bis zum Papierrand in die Förmchen füllen und für ca. 4 Stunden in das Gefrierfach stellen.

3. Inzwischen die Schale von einer Orange dünn herunterschälen und in feine Streifen schneiden. Orangenzesten mit Grenadine in einem kleinen Topf aufkochen, dann vom Herd nehmen und 2 Stunden ziehen lassen. Alle Früchte mit einem scharfen Messer sorgfältig schälen, sodass das Weiße der Schale mit entfernt wird. Die Früchte filetieren. Orangensaft mit Zucker in einen Topf geben und um die Hälfte einkochen lassen. Den köchelnden Sud mit etwas Stärke binden. Filets untermischen und abkühlen lassen.

4. Gefrorene Eis-Soufflés aus dem Gefrierfach nehmen, die Papierstreifen entfernen. Soufflés 6–8 Minuten antauen lassen, dann dünn mit Kakao bestäuben. Orangenfilets und eingelegte Orangenzesten darauf verteilen.

🕐 Zubereitung: ca. 40 Min.
❄ Tiefkühlen: ca. 4 Std.

FÜR 4-6 PORTIONEN
(JE NACH GRÖSSE DER FÖRMCHEN)

400 ml Sahne
2 Eier
4 Eigelb
2–3 EL Kakaopulver
100 g Puderzucker
3 EL Orangenlikör (z. B. Grand Marnier)
2–3 Bio-Orangen
100 ml Grenadine
200 ml Orangensaft
50 g Zucker
1 TL Speisestärke, mit etwas kaltem Wasser angerührt

AUSSERDEM:
2 TL Kakaopulver zum Bestäuben

SCHOKO-HiMbeeR-TRiFLe

🕐 Zubereitung: ca. 1 Std.

▭ Backen: ca. 25 Min.

**FÜR CA. 8 PORTIONEN
(JE NACH GRÖSSE DES GLASES)**

3 Eier
150 g Zucker
50 g Mehl
2 EL Kakaopulver
60 g Speisestärke
300 g TK-Himbeeren, aufgetaut
75 g Gelierzucker (3:1)
Saft von 1 Zitrone
150 g Zartbitterschokolade
4 Eigelb
400 ml Milch
4–5 EL Himbeergeist
250 ml Sahne
Ca. 800 g frische Himbeeren

AUSSERDEM:
Butter für die Form
Geraspelte Schokolade zum
Garnieren nach Belieben

1. Den Ofen auf 180 °C vorheizen. Eier mit 75 g Zucker in eine Schüssel geben und mit dem Handrührgerät in ca. 5 Minuten schaumig-steif schlagen. Mehl, Kakao und 20 g Stärke darübersieben und unterheben. Den Teig in eine gebutterte Springform (Ø ca. 20 cm) füllen und ca. 25 Minuten backen. Den Biskuit anschließend vollständig abkühlen lassen.

2. Inzwischen die Himbeeren mit Gelierzucker und Zitronensaft fein pürieren, dann durch ein Sieb in einen Topf streichen und unter ständigem Rühren ca. 5 Minuten sprudelnd kochen. Gelee zugedeckt abkühlen lassen.

3. Schokolade klein hacken. Eigelbe mit 25 g Zucker und der restlichen Stärke verrühren. Die Milch zugießen und alles in einem Topf so lange auf dem heißen Herd verrühren, bis die Creme eine dicke, puddingartige Konsistenz hat. In eine Schüssel umfüllen, gehackte Schokolade zugeben und schmelzen. Die Creme abkühlen lassen.

4. Himbeergeist mit dem restlichen Zucker verrühren. Den Biskuit zweimal horizontal durchschneiden, sodass drei gleich dicke Böden entstehen. Jeden Boden mit der Himbeergeistmischung beträufeln. Die Sahne halbsteif schlagen. Die Creme abwechselnd mit Biskuit, halbsteifer Sahne, Himbeeren und Gelee in ein großes oder mehrere kleine Gläser schichten. Nach Belieben mit geraspelter Schokolade bestreuen.

REGISTER

OLIVER BRACHAT arbeitet als erfolgreicher Still-Life-Fotograf in seinem eigenen Studio in Düsseldorf. Mit viel Kreativität und seiner Liebe zu gutem Essen schafft er außergewöhnliche Food-Fotografien. Zuletzt im Hölker Verlag erschienen sind seine Kochbücher *Burger, Willkommen im Gemüsegarten, Brot genießen, Unsere Weihnachtsbäckerei* und *Sonne im Glas*. www.oliverbrachat.com

ANDREAS NEUBAUER, gelernter Koch und Küchenmeister, ist seit 1990 in diversen Sternerestaurants tätig – unter anderem auf der Stromburg bei Johann Lafer, mit dem er seit 15 Jahren zusammenarbeitet. Als gefragter Autor und Foodstylist von über 60 Büchern entwickelt er Rezepte für Kochbuchverlage, Zeitschriften und fürs Fernsehen.

5 4 3 2 1   18 17 16 15 14
ISBN 978-3-88117-932-4
Fotografie: Oliver Brachat, www.oliverbrachat.com
Fotoassistenz: Philip Dahlmann, Steffi Neff
Rezepte und Küche: Andreas Neubauer
Redaktion: Christin Geweke, Lisa Frischemeier
Cover und Layout: Julia Marquardt
Satz und Litho: typocepta, Köln
© 2014 Hölker Verlag im
Coppenrath Verlag GmbH & Co. KG
Hafenweg 30, 48155 Münster, Germany

www.hoelker-verlag.de